Yhtä flatkuttamista

Jorma Luoma

Yhtä flatkuttamista

Kustantaja: Books on Demand, Helsinki, Suomi
Valmistaja: Books on Demand, Nordstedt, Saksa
ISBN: 978-952-80-4338-6

Sisällysluettelo

Lukijalle

Mulle tuli taas kauhia tarves kiriootella omalla murtehellani, kun mä kuuntelin Juha Mieron haastattelua televisioos, kun se sanoo, notta ennen sitä kiellettihin puhumasta murtehella, mutta ei enää. Ny saa taas olla oma ittensä ja s'on hyvä. Kyllä muaki kakarana lyötihin kiriakielellä päähän, notta vieläki teköö kipiää, kun sitä muisteloo, mutta välillä mennähän parempahan ja sitte taas pahempahan aikahan. Jokka tämän kirian luetta, niin yrittäkää ny nauttia siitä, sillä meitä kirioottajia ei oo paliua täs maas, koska s'ei oo hienua. Mutta emmä häpee mun isäni kieltä, vaan m'oon siitä reiluusti ylypiä.

Mollahan variksia

Varis muistaa 33000 ruokakätkyä
      vuoren aijan,
s'on toristus hyvästä muistista.
Meitä kakaroota pantihin tärkeysjärijestyksehen
    sillä perustehella, kuka parahite muistaa,
    näin meirän tulevaisuus lyötihin lukkohon,
    notta mitä enempi oot variksen kaltaanen,
    sitä ruusuusempi tulevaasuus orottaa.
Mutta ku variksella on vähä muitaki ominaasuuksia,
      kun hyvä muisti,
    kuten varaastelu, ahaneus ja kova huuto.
Me eletähän nyt varisten aikaa
      ja sen kyllä huomaa,
    kaikki ahanehtii ku viimeestä päivää,
      petoksella ja varkaurella,
    pitäen kovaa meteliä ittestänsä.
Kyllä kannattaas kiinnittää huomioota muuhunkin,
      kun hyvähän muistihin.
On niitä malliksi muitakin eläämiä,
      kun varikset.

Kierräättämisestä

Mäki ajattelin, notta rupian kierrättämähän
ja menin vasiten sitä varten tehtyhyn
kierrätyskeskuksehen.
Mulla oli sellaanen loppuhunpalanu
energiansäästölamppu.
Kun mä kysyyn, jotta mihinkä tämä pannahan,
niin siihen tuli yksi naisihiminen
pitämähän esitelmää,
notta kuinka toimitahan tässä tapauksessa.
Minä siinä sitä aikani kuuntelin ja sanoon,
jospa antaasin tämän lampun noille miehille,
joita siinä oli 4-5 kappalesta ympärillä.
Yksi raavas mies sanooki,
jotta minä voin sen vierä,
mutta se ei sopinu sille naisihimiselle,
ei menny kuulemma parakraafien mukahan.
Siinä mä seisoon lamppu käres
ja kuuntelin nuhuressaarnaa,
enkä mä tohtinu vastahankaan panna,
vaan laitoon tuumasta toimehen.
Ensteksi mä täytin sellaasen lomakkehen,
jossa piti kertua kaikki ittestänsä
ja siitä mitä m'olin tuomas,
loppuhun päiväys ja allekiriootus.
Se kirioottaminen vain oli tosi vaikiaa,
kun sen kynän säiliö ei pysyny sisällä,
vaan se luiskahti sieltä aina ulos,
s'oli varmahan kierräätyskynä
ja niistä kiriaamista tuli yhtä sekasotkua,
ei siitä pirukaa ottanu selevää.

12

Sitte mun piti mennä sen lampun kanss
koko aluehen halaki myymälähän,
josta mä sain avaamen konttihin,
senjäläkehen kävelin pihan yli kontille,
jossa mä lajittelin yhyren lampun
ohojehen mukahan,
sitte piti laittaa ovi lukkohon
ja vierä avaan takaasin kassaneirille
ja koko sen aijan ne miehet seuras mua,
mitähän neki siellä oikeen teki?
Kyllä en enää kierräätä enerkiansäästölamppua,
ma laitan sen kotonani roskihin
ja tämä on taivahan tosi.

Kissin elämästä

Ei oo elämä heleppua kissinkään kanss,
ku s'on niin jääräpäänen ja arvaamaton.
Kerranki ku eukko kaatui
ja mä lähärin sitä auttamahan,
niin kissi tuli aiva hulluksi,
se rupes uhittelemahan, puri ja raapii niin,
notta rupes ihan peloottamahan.
Me soitettihin eläänlääkärilleki,
jotta mitä meirän pitääs teherä,
niin se sanoo, notta se pitää tappaa,
mutta eihän me perhehenjäsentä tapa.
Siinä sitte koko yö kuunneltihin mouruamista
ja peläättihin pahinta.
Aamulla mentihin eläänkauppahan
ettimähän ihimeslääkettä,
eikä ihimehen aika ollukaa ohi,
koska saatihin sellaasta ihimessuihketta,
sitä kun suihkahutti housunlahkeesehen,
niin kissi lopetti heti sähisemisen,
seliän köyristelyn ja karvojen pörhistelyn
ja sen pirunsilimät muuttu lampahan silimiksi,
sitte se puski ja keheräs, niin kuin ei mitään.
Varamuuren vuoksi ostettihin vielä sellaanen,
töpselihin kytkettävä vehejes,
joka kuukauren aijan eritti kissille
rauhoottavaa parafyymiä.
Kissi ei tee ikinä niinku sä taharot,
jos sen nostat vaikka johonki,
niin s'on heti hyppäämäs sieltä pois
ja menöö sitte itte siihen samahan paikkahan,

jos sille antaa ruokaa, niin heti se haluaa muuta.
Kun sen kans menöö pihalle,
  niin se kiertää jokaasen risun ja puun
  ja senjäläkehen hihina on aina solomus.
Sylihin s'ei tuu piruuttaankaan,
  mutta kun mennähän nukkumahan,
  niin se tuloo siihen vierehen
  ja panoo päänsä tyynylle, mun päähän kiinni,
  kyllä kissi on söpö piruulaanen.

Tietten myymisestä

Mitähän siitäki tuloo,
  kun tiekki yhtiöötetähän,
  ku ei oo muka rahaa koriauksihin,
  vaikka autoolijat maksavat
  viisinkertaasen määrän siitä,
  mitä koriauksihin laitetahan,
  samalla lujaa vakuutetahan,
      notta ei yksityystetä,
  mutta heti kun silimä välttää,
  niin yksityystetähän,
  jotta saarahan äkkiä rahaa.
Senjäläkehen tiemaksut kaksinkertaastuu,
  niinku sähkönsiirtohinnakki.
Sitte pitää olla kaikenlaaset
      seurantalaittehet
  ja neki maksaa maltahia.
Mäkin voisin ostaa pätkän tietä
  ja laittaasin tullinpuomin
  ja periisin tiemaksua,
  ihan ku ennen vanhahan oli.
S'olis oikeen somaa siinä kukkoolla
  ja paukahutella henkseliä,
  kun pareeki tuhokapitalisti.
Eiköhän koriata tiet keräätyyllä rahoolla
  ja loput voi käyttää parempihin suihin,
  s'olis sillä selevä.

Eteeläpohojanmaalla

Eteeläpohojanmaalla
mä oon syntynyt,
nyt oon mä poissa sieltä,
kun'ei työtä löytynyt.
Mä saavuun tänne etelähän,
täältä töitä ettimähän,
sain eukon, korin, perheen,
sain uuren elämän.

Mä olin pakolaanen
ja mua syrjittihin,
mä puhuun outoo kieltä,
pois täältä taharottihin.
Mä nukuun toisten nurkissa,
mä olin heille uhkana,
mä pohojanmaata kaipaan
jos oikeen masentaa.

säv Inarinjärvi

Hullu

Miksi käytetähän sanaa terroristi,
   miks'ei käytetä sekopää,
      tai reilusti hullu?
Terrorismi putuaas heti puolehen,
   koska kukaan ei halua olla hullu
      tai sekopää,
   eikä ainakaan tunnusta olevansa
      sellaanen.
Kyllä sanalla on mahtava voima,
   kun sitä oikeen käytetähän.
Ny kun asioota kaunistellahan
   ja keksitähän rumille asioolle
      hienoja nimiä,
   niin kaikki kohta sanoo, notta mäki.
Ei se voi olla niin vaikiaa sanua
      paskaa paskaksi
      ja hullua hulluksi,
   nyt menöö puurot ja vellit sekaasin
      ja jokku hönöt luuloo,
jotta terrorismi on hienua.
Se ei tosiaankaan oo hienua,
   s'on suorastaan helevetistä.

Kun uni ei tuu

Kun uni ei tuu,
  ajatukset menöö solomuhun,
  sinkooloo yöttömähän yöhön,
  kahaliten päivätajun samahan
    sekakeittohon.
Nähkää mut silloon syyntakeettomana,
  unensieppaajan uhurina,
  mutta ei arvoottomana,
sillä jo pelekkä oleminen on arvo sinänsä,
tekemisemme arvottuu sillä,
palionko teemmä hyvää
    tai hyväpahaa
ja kuka sen määrää.
Mittarina ei voi olla omaasuus
    tai lukeneesuus,
vaan teot ja niiren seuraukset,
mitä hyväpahamittari osoottaa,
voiko syyntakeettomuutehen verota,
    jos on miinuksella,
    eikä uni tuu.

Lammaskin

Lammaskin on paree
      ku ihiminen,
ne ei tapa toisiansa,
eikä verä rajoja maahan,
mistä kukin saa syörä,
eikä piiloottele heiniä
      heinäpankkihin,
ne syöö ruohua
      kylyki kylies
ja välillä määkii.
Ihiminen on ahane pirulaanen,
    joka tappaa ja kiruttaa
      lajikumppaneitansa,
praataa pahaa ja pettää,
teköö lakia, sääntöjä ja rajoja
estäen vapauren tuntehen,
joka on vapauksista suurin.
Ahaneuksissansa ihiminen
      keritsee lampahan,
tappaa, grillaa ja syöö sen,
lammas ei koskaan,
      päää.

Puhelimista

Kyllä ei ollu ennen älypuhelimia,
eikä koko aikaa höpötetty niihin.
Jos halusin soittaa äireelle maalle,
niin s'oli mentävä pääpostitaloolle
ja tilaattava kaukopuhelu.
Parin tunnin oroottelun jäläkehen
virkaalia huusi,
koppi numero se ja se.
Puhelimessa vastattihin, Malamila,
s'oli meirän kranni,
pyysin äiteetä puhelimehen.
Helemi juoksi sata meeteriä meille
hakemahan äiteetä,
sitte ne kumpiki juoksi sata meeteriä
takaasin,
jonka jäläkehen äitee vastas.
Rahaa puheluhun oli menny jo orotelles
muutama kymmenen markkaa,
päälle tuli vielä se aika mitä puhuttihin.
Enkä tierä oliko sekää puhelu niin tärkiä,
koska mitää en yleensä pyytäny,
tiesin notta niilläki oli vaikiaa.
Ehkä halusin vain kuulla äireen äänen
yksinääsyyressäni, ikävääni, ehkä.

Kuinka ne kehtaa sanua

Kuinka ne kehtaa sanua,
  notta pullonkerääjien panttirahoosta
  ja marianpoimijooren työstä
      pitääs maksaa verua,
  kun itte saavat vastikkeetonta tulua
  viisikymmentätuhatta eurua vuores,
      iliman tosittehia tai
      muitakaa parakraafia.
Sitte ne ajeloo valtion autoolla ympärihinsä,
  ympäri kännissä, valtion viinoos,
  ja siinä palaa tuhansia kuukaures,
  eikä tästäkää erusta makseta verua,
      verojohtaja sanoo,
  jotta pikkusummilla, ei oo merkitystä,
  mutta auta armias jos meikäläänen
  saa satasen, eikä ilimoota,
  niin moninkertaanen vero matkäästähän
      ja vielä sakot päälle.
Se satanen tuloo äkkiä maksamahan tonnin
      ja rapiat päälle.
Köyhä ei saa armua mistään,
  kun taas liituraita saa armon kaikesta.

Täitarkastus

Aina kun koulu alakoo,
  äitee rupes syynäämähän meirän päitä
  ja sanoo, notta sieltä täit leviää,
  eikä aikaakaa kun niitä jo oli
  ja äitee rupes kynnellä tai täikammalla
    niitä tappamahan
    päälakia vasten.
Se kuulosti ilikiältä ääneltä
  ja sitte kun niitä rupes olemahan palio,
  otettihin isoommat asehet käyttöhön
    eli ree, ree, tee,
  niinku ne hienoosti sanoo
    jotta DDT,
  mutta ei pohojalaasen kieli
  sellaasehen reehen taivu.
S'oli sellaanen littiä pahavipurkki,
  jota keskeltä puristettihin
  ja kyliestä olevasta reijästä
  pöllähti myrkkypilivi suorahan päähän.
Siinä täit sai kyytiä,
  en ny tierä mitä se mulle teki,
  mutta ainaki ollahan vielä eloos.

Ensimmäänen palakkatyö

Ensimmäänen varsinaanen palakkatyö oli,
    kun me kaverin kanssa
kuorittihin paperipuita.
N'oli sellaasia meeterin mittaasia
    kuusen pölökkyjä.
Ne piti kuoria aiva puuta myöte
    eli valakoosiksi,
yhtään ei saanu jäärä nilaa,
joka olis' heti kuivuessa paliastanu.
Monta viikkua me sitä pitkää pinua
    kuorittihin,
sellaasella käsiparkkarauralla.
S'oli kesäkuuta, kun koulut oli loppunu,
    kuuma ku mikä ja paarmat vaivoona.
Ensimmääsenä ehtoona mulla oli
    kämmenenkokooset rakot käsis
ja n'oli aiva hellinä.
Yhtenä päivänä syötihin evähiä
    ja nukahrettihin lastukasahan iltahan asti.
Sitte kun pinua mitattihin,
    niin vähennettihin kolomasosa työstä,
    oli kuulemma mukamas harva pino,
    mittaajan pää tais olla harva,
    ostin palakalla rannekelloon,
    joka sitte nuoruuren sekavis oloos katos
        seliittämättömällä tavaalla.

Happi

Kyllä elämä on kallista,
  kun happiki maksaa seittemän eurua kilo,
  tosin jokku tekis sitä kymmenellä sentillä,
  mutta kun s'ei oo silloon lääkettä,
    s'on liika halapaa.
Tärkiää on myös muistaa allekiriootus,
  jolla toristetahan kallis happi lääkkeheksi
  ja voirahan hinta hinaata
        köyhien uloottumattomihin,
  mitä ne köyhät sillä teköö, kuolkohot.
Joku pisnismies kerran sanoo,
  notta ilimaki pitääs yksityystää
  ja ihimisiä tarttis laskuttaa henkiittämisestä,
        s'olis heleppua rahan tulua,
  ei tarttis kun laskuja kiriootella
        ja makoolla paratiisisaarilla
  ja antaa palavelijooren hyysätä sua.
Sitä mä vaan ihimettelen,
  jotta kuka sen iliman omistaas
        ja millä oikeurella,
  tai kyllähän mä sen tierän,
  tietenki vahavemman oikeurella.

Mee eremmäs

Mee eremmäs,
  ka kun suuhun tryykää,
  ei täs'oo aikaa asuulla
  ja lopeta tuo flatkuttaminen,
    tai mä fletaasen.
Pistä se hantuuki fankkuhun,
  äläkä oo tuollaanen fletares,
  mua pistää niin vihaksi
  tuollaanen airaksenkarvaanen kutales,
  olis tässä tähärellisempääkin tekemistä.
Mitä pahaa m'oon teheny,
  kun mua näin rankaastahan,
  ku toinen on kuin kivireki,
  tuos se päivät pitkät hauhaaloo
  ja on tutkivinansa tähtiä,
  niin'ku n'ei pysyys taivahalla
    tutkimattaki,
  sitte se niitä selittelöö silimät pyöreinä
    kuin pesufati,
  anna mun kaikki kestää
  ja ku s'on niin kranttuki
    notta oikeen.

Sininen tulevaasuus

On se ny yhtä perskuletta,
  ku persut kaipaa sinistä tulevaasuutta,
      tai ainakin puolet niistä,
  eiköhän se oo kaikilla ukoolla eres,
  kun mieskunto teköö topin,
  s'on kun sinistä unta
        Nukku-Matti laulusta,
  ku sinisis tossuus hipsitähän
      nurkan taa asioolle.
Ei siin'oo mitää hävettävää,
      mutta siinä on,
  kun'ei pystytä asioosta sopimahan,
  vaan haukutahan toisensa
  ja siin sivuus sivullisekki.
Eikä ne enää tierä,
      kuka hallittee ketäkin.
Suomi on kuuluusa
  erikoosista tempauksista
  ja tämä ny on torella kummallista,
  suorastansa sekaannuksen
        maailmanennätys
  perskules, etten paremmin tuu ja sano.

Sopuhun ei päästä

Kun sopuhun ei päästä,
    niin siirretähän
kuoleman jäläkeesehen elämähän,
turha s'on hötkyyllä,
kuluu se aika muutoonki,
ei sitä tartte eriksensä kuluttaa.
Kello käy ja henki haisoo
    repimättäki.
Leivooset ilimassa leikkiä lyöö
ja jokahisella on mukavaa,
notta älä tuu mua neuvomahan,
kyllä m'osaan olla iliman
    sun neuvuas,
pirä sä vaan huoli
    omista asioostas.
Aikansa m'ollahan molemmat olevaasia
ja sitte yhtä-äkkiä ei ollakaan,
niin se menöö
    suuris kuvioos
ja sitähän tämä kaikki onki,
mutta kun'ei sitä aina havaata,
ku ollahan niin viisahia.

Ei kaikki taharo

Ei kaikki taharo loistaa,
  tulla nähäryksi,
  ne haluaa kulukia varijoos,
  omia polokujansa koluuten
      huomaamattomina,
hohtaen sisäästä rauhaa,
valaen sitä ympärillensä,
    meihin,
Me jokka tunnetahan tarvetta
    olla jotaki,
    tulla joksiki,
ollahan vajavaasia,
ollahan menettäny jotaki,
    olemisen oivalluksen
ja täytämmä aukkua kuumeesesti,
jotta meirät havaattaasihin
ja tullahan synkkämielisiksi,
jos katuamma massahan.

Joulupukki

Kakarat kysyyvät multa,
notta oonko mä joulupukki,
paha s'oli kieltää,
kun naama on ku puun kylijestä
repäästy kaarnanpala
ja partakarvat sojoottaavat kaikkihin
ilmansuuntihin,
mutta parempi sekin,
kun sotaa kerijäävä valekunkku,
joka räiskii omiansa kumiluoreilla ottahan.
Se sattuu vähän perkelehesti,
mutta sattuu sekin,
kun surutta pamputetahan,
ei sitä vanahat haurahat luut kestä
ja jos pahaasti käy,
niin halavaantuu niskasta ylähäpäin
ja siinä ei auttaasi pyörätuolikaan,
kun pää veisi mihinkä sattuu,
vois joutua allikosta ojahan
ja kävelisi takaperin,
puhuusi kielillä
ja mätkisi vastahantulijoota vattahan.
Kyllä s'on paree olla joulupukki
ja teherä töitä yksi päivä vuoressa.

Peleko

Sanoovat sielä olevan itku
 ja hammaastenkiristys,
 siksikö meitä piretähän
     väkisin hengissä,
 notta vielä muutama päivä,
 saataaisihin tuntia maallista kipua,
 ennen ku jourutahan tulisehen järvehen
     epäuskomma takia.
Peloon voimalla sinnittelemmä
     rotkon reunalla
 ja pelekäämme putuavamme kuiluhun,
     ei ny justihin,
 sais' eres minuutin lisäaikaa,
 koskaa ei oo hyvä aika tähän hetkehen,
 vaikka se tuloo jokaaselle.
Mitä sitte?
Kukaa ei tiedä,
 vaikka luuloovat tietävänsä,
     eikä tartte tietää,
 riittää kun rakastaa,
     eikä ruoki pelkua.

Karkaan

Vielä mä karkaan täältä,
en kestä olla samanlaasten kans,
ku mä itte oon
nään niissä itteni,
vajavaasuuteni tähän aikahan,
tähän on tultu,
jälijellä on lopuuton luovuttaminen,
mutta elämästä on pirettävä kiinni,
vaikka henki menisi.
On päästävä erämaahan,
intiaanien poluulle,
johonka soturi sai karota aijasta
ja jonka nimiä ei enää sanottu,
musta tulisi esi-isä,
henkien kanssa tanssija.
Mutta ei ne anna,
pisteöövät neuloollaan,
imöövät verta,
syöttävät ja juottavat,
panoovat letkuuhin,
yhyristävät henkitys- ja syränkoneesihin,
ei ne anna olla, nukkua,
vielä mä karkaan täältä.

Uusavuttomuus

Kyllä on uusavuttomuus
      menny maharottomaksi,
kun'ei mitää osata teherä
      iliman kurssia.
Jo kävelyäki opetetahan eri tavoon,
  on mettäskävelyä, kilipakävelyä,
  sauvojen kans kävelyä ja
  portahien nuosua ja laskua
  ja joka lajihin oma kurssinsa.
Hiihtäminen ja mäenlasku on oma lukunsa,
  kurssia on niin, notta en ny rupia niitä
      täs luettelemahan.
Joku käy käsiillä seisontakurssia,
  toisen opetellessa takaperin menua,
  joittenki juostessa joka kurssiilla,
  ny neuvotahan jo hyyskässä käyntiäki.
Ennen ku hyyskät oli kartanoon takana,
  niin olis tarvittu monta kurssia
      sinne päästäksensä.
Kyllä ei ennen ollu mitään kurssia,
  ittestään selevien asiooren takia
  ja silloon kaikki oli ittestään selevää.
Silloon osattihin teherä taloon työt,
  hoitaa kakarat ja laittaa ruoat,
  käyrä saunan takana kusella.
Ny ei osaata eväänsä värähyttää,
  ennenkö käyrähän kurssiilla
  ja saarahan siitä toristus
      voi ristus.

Matka

Lentoasema on helevetin esikartano
ja lentomatka kiirastuli,
perillä s'on sitä samaa,
    kohti ikuusuutta,
ei sitä mihinää pakohon pääse,
paree s'on pysyä kotonansa
ja syörä ruottalaasta näkkileipää,
jos elämähänsä eksotiikkaa kaipaa.
Ei siinä lentokonehia tarvita,
ku teköö ostosmatkan lähikauppahan
ja ottaa kesäällä aurinkua omas pihas,
muuttolintujen seuraaminen
tuo tuulahruksen etelästä
ja pohojoosesta tuloo raitista ilimaa.
Jos hellettä kaipaa, niin menöö saunahan
ja istuu lautehilla niin kauan
    ku sielu sietää,
niin ja uimahalli on sopiva kylypylä.
Kotonaki voi mennä ulos syömähän,
nostaa vaan rillin pihahan
ja tällää siihen muutaman rillimakkaran,
eikä muuta ku syömähän.
Näin säästät rahaa, tunkosta
    ja matkatressiä.

Isäänpäivä

Se toharotahan ny muuttaa
        läheesyyren päiväksi
ja ensi vuotena varmahan
erillisyyren tai ulukopuolisuuren päiväksi.
Ei oo isä enää minkää arvoonen,
    kun naisasianaiset pääsöö rikuneeraamahan,
    riittää kun se kaukaanen tuo rahaa
        ja pysyy poissa silimistä,
se voitaas korvaata vaikka tekoälyyllä.
S'on sellaanen vanahan aijan fossiili,
        takkutukka, risuparta.
S'ei osaa puhua eikä pukeetua,
    eikä se täytä minkäänlaasia
        laatuvaatimuksia.
Kyllä isoo kiria on siinä erehtyny,
    notta nainen tehtihin sen kylykiluusta,
    kyllä s'on syntyny naisesta,
        s'on taivahan tosi.
Jotaki siinä on menny vikahan,
    kun sitä kuitenkin tarvitahan.

Valehtelua

Miten sellaanen ihiminen
  voi kattua ittiänsä peilistä,
  joka valehteloo niin,
  notta saappahat pyörii jaloos?
Ykski hyväkäs sanoo,
  jotta vähäosaasista ja köyhiistä
            on pirettävä huolta
  ja heti perähän ne pienentää
            niiren etuuksia
  ja pienipalakkaasten ansioota.
Musta s'on kaksinaamaasta peliä,
  eikä siinä vielä kaikki,
  kun samahan aikahan
  jaetahan milijaarjeja euroja
  työnantajiille ja muille rikkahille,
  notta ne sais maharollisimman
            suuria voittoja,
  optioota ja osakkehia,
  niinku niillä ei muutenki olis.
Jospa niillä onki henkiistä köyhyyttä,
  jota pitää peitellä rahaalla ja tavaralla,
  en tierä, mutta ei s'oo oikeen,
  jotta se otetahan köyhien
            selekänahoosta.

Piretähän huolta

Kyllä ei ennen vanhahan ketään
      jätetty ulukopuoliseksi,
vaikka olis ollu millaanen
      kletares tahansa,
juonu rahansa ja pelannu taloonsa,
niin ei sitä mettähän
      tai pelloolle ajettu.
Kyllä joku aina otti sellaasen,
vaikka saunakammarihin hyyrylääseksi
      tai syytinkilääseksi
ja antoo sille ruokaa
pientä askarehetta vastahan.
Nykyään jos et maksa vuokraas,
niin heti heitetähän pihaalle,
vaikka ulukona olis kuinka kylymä,
etsi siinä sitten makuupaikkaa
      jonkun sillan alta,
tai kerrostaloon rapuusta,
josta heti ajetahan pois,
      jos joku rookaa.
Sitten sanotahan, nottei ketää saa
      jättää ulukopuoliseksi,
kun osaattomia potkitahan
      kun vierasta sikaa.

Yhteesöllisyys

Mitä se sellaanen yhteesöllisyys on,
joka koskoo vaan hyväosaasia?
Kai se tarkoottaa sitä,
notta kun on muutoonki osaaton,
niin mihin se yhteesöllisyyttä tarttoo,
olokohon itteksensä mokomat.
Amerikan kaupunkiis on koriittomia,
kun rottia viemäriis,
eikä ketää kiinnosta,
ei ollu intiaanien aikahan,
silloon jokaanen sopi joukkohon,
mutta ei enää.
Siin'on se ero,
jotta ennen elettihin yhteesöllisyyttä,
mutta ny siitä vaan puhutahan
juhulapuhees,
käytäännön ollessa aiva muuta
ja kaikki me syyllistytähän tähän,
työntämähän osan markinaalihin,
osaattomuutehen.

Maailman menua

Pohojoosen Korias maas
  on sellaanen rakettimiäs,
  jota lännen honkkeli sonoo,
  piäneksi rakettimiäheksi
  ja siitäkö pikkumiäs suuttuu
  ja vetää prenikat rinnuksihin,
  toisen mokoman selekäpuolelle,
  lopuut laittaa persuuksista roikkumahan
  ja lupaa heittää lännemiähen
      helevittihin.
Lännenmiäs änkkäs vastahan
  ja tyrkyytti opettajillekin kuularuiskuja,
  kun se luuli ampumiisten loppuvan
  pyssyjen lisäämisen avuulla.
Ny se varmahan miettii,
  mitenkä kakarat jo kohorus tottuus
      aseeren äänihin,
  varmahan kohta tuloo lakiesityys,
  notta akkaan on orottaessa pureettava
      ja koottava asehia,
  niin ja käytävä ampumararalla,
  kyllä oikia laukaus voittaa aina
      laukaussanan,
  niinku me armeijassa pruukattihin teherä,
  kyllä ovat kälttäreitä miähiä,
      pitääs vierä saunahan
  ja pestä suu mäntysuovalla.

Missä n'on ollu historiantunnilla,
  ku lännenmiäski elehtii ku Mussoliini
  ja kuinka sillekin kälämille lopuuksi kävi,
  sinne se pantihin tienvierehen roikkumahan,
  en ny muista oliko se telefoonitoloppa vai aita,
  kyllä on ollu vaikkua korvis,
  ku samanlaanen meininki jatkuu.
Lännenmiähet on ainakin saranvuoren aijan
  kiertäny maapallua pyörremyrskyn lailla
  ja vieny kaiken tarpehellisen mennesnänsä
  ja jättäny pölypilven perähänsä,
  ennen ne yritti valehrella uskoottavasti,
  mutta ny ne sanoo valehtelevansa suorahan,
      eikä anteheksi pyyrellä.
Sitte kun n'on tyhyjänny maan,
  niin n'on tulevinansa auttamahan,
  mutta s'on kallista auttamista,
  kun ne tahtoo kymmenkertaasesti takaasi sen,
      mitä ovat antanehet,
  eiväkkä oo muistavinansa,
      mitä ovat saanehet.
Tuossa rajaan takana yks'ki hyväkäs
      sekaantuu joka asiahan,
  eikä anna krannien elää rauhass,
      maata kuokkimas
  ja mukuloota kasvattamas,
  pahaa teherähän sen ku keritähän
  ja sitte syytellähän toisia,
  että tälläästä kuuluu suuresta maailmasta.

Tekoäly

Ny ne kehittelöö tekoälyä,
  kun'ei oma järki taharo enää toimia,
  ollahan vaan niin älykkähiä,
  notta voi herraan pieksut
    ja kilin kulukuuset,
  vai mitenkä se ny sanottihin.
Emmä muuta pyyrä kun,
  jotta opettaavat sen tekoälyyn
  oikianlaaseksi, ettei vaan tuu
  samanlaanen tyhyjänpuhuja,
    ku tekijäkki.
Kun tuntehet kuoloo,
  niin kukaa ei enää piittaa,
  ei enää osooteta mieltä,
  ku Vietnamin soran takia
    osootettihin,
  ny saa tappaa rauhas,
  Syyrias, Irakis, sun muualla,
    ketä vaan
  ja ihimiskunta on hiliaa,
  kaikki on ulkoostettu
    poliitikoolle.
Ny tarvitahan tekoälyä, joka älyää,
  notta näin ei voi jatkua,
  ihimisten on heräättävä torellisuutehen
  ja aleettava taas välittämähän
    toisistansa.

Onkohan rakkaus kuollu

Joku luuloo, notta rakkaus on kuollu
ja huutaa pelastajaa apuhun,
mutta ei se tuu ulukopuolelta,
ittestänsä s'on lähärettävä
tai hukuuttava,
jos kaikki huutaa ku linnuunpoikaaset
pesässänsä, suu auki,
niin kuka niitä matoja hakoo.
Ny on vaan niin surkiasti asia,
notta ei maron kaivajiille
taharo jäärä yhtään mitää,
ku päättäjät ja omistajat on ottanehet
linnunpoian roolin
ja tahtoovat kaikki marot.
Työntekiät on kun näläkäkurkia,
aina työntouhuus tyhyjin vattoon,
toisten möllöttäessä ku käjenpoikaset.
Moon aina puhunu piänen ihimisen pualesta,
vaikkei mun ääni pitkälle riitä,
ihimiset vähä välittää mitenkä muilla menöö,
se tuppaa olemahan oma suu lähimpänä.
Jokku tahtoo määrätä muirenki rahaankäytöstä,
näin ne tuntoo ittensä tärkiäksi,
ovat olevinansa parempia ihimisiä,
vaikka torellisuures ovat toisten
asioohin puuttujia,
oikeeta manipuloojia.

Ennen

Ennen sanoottihin notta,
  sitä kuusta kuuleminen,
  jonka juurella asuunto.
Tuppaa vaan kuuset olemahan harvas
  ja niiren päät on larvas,
  kun'ei näe juurella olevien jukurien
    juurihin kompuroontia.
Sanotahan myös,
    notta huipulla tuuloo,
  jotta mihinä sitä ny oikiastansa
    olis hyvä olla.
Surkiaa on niilläki jokka luuloo,
  notta n'on pareempia ku muut,
    ei se niin oo,
  s'on kaikki harhaa, sokeutta,
  koskaa ei tierä putoaako prunnihin,
  tai kokee muuta yhtä karmiaa.
Paree s'on yrittää ymmärtää paikkansa
    luomakunnas
  ja yriittää tulla toimehen ihimismääsesti,
    nottei tartte katua,
  ku lusiikka ei enää pysy käres,
  sitä voi ylypiäki miäs äkääsesti
    tarviita apua
ja josson kulukenu kyynärpäät ereellä,
    niin ei taharo keheerata,
  mutta kyllä elämä lyöö polovillensa
    jokaasen vuorollansa.

Arvostelijoota

Aina löytyy näitä arvostelijoota,
     ku mikää ei kelepaa,
niiren mielestä kaikki on väärin,
     vaikk'ei oliskaa,
     eikä ne osaa sanua,
mitenkä niitten tulis olla.
Perskules ku elämä menöö vaikiaksi,
     pitääs keskittyä paraannuksihin,
     eikä tekemällä teherä onkelmia,
joita sitte paikatahan uusilla murehilla.
Moon niin palio nähäny ja kokenu,
     etten mä tartte tätä enää yhtään lisää,
     mä meen mieluummin mettähän kävelemähän
ja kuuntelemahan linnuunlaulua,
ku juukaamahan samoosta asioosta
     päivästä päivähän.
Kumpa elämä oliski ku linnuunlaulua,
     keviää ja heliää,
     mutta ku ei se oo,
sit'on sormet saves ryvettävä
     ja yritettävä päriätä,
vaikka olis kuinka vaikiaa.

Liikaviisahat

Liikaviisahat puhuu taas läpiä päähänsä,
    kun ne sanoo,
notta vanahukset haluaa olla kotonansa
    ja kuallakin sinne.
No totta helevetiss' ne tahtoo,
mutt'ei ne taharo olla yksinänsä,
mikä kotoo se sellaanen on,
    jos'ei oo ketää.
Sitte ne puhuu, jotta kaikki järiestyy,
    kun saarahan soveellukset
        ja ropootit kuntohon,
mutta kun'ei ne vaihra vaippoja,
eikä syötä, pese, eikä praataa,
siinä tarvitahan syrämellistä ihimistä
    ja auttavaa käsiparia.
Toista s'oli ennen vanahat jäi kotia
    omien lasten ja lastenlasten hyyrylääseksi.
Ihiminen on laumaelään
        ja se tarttoo seuraa,
eikä pariin minuutin piipahtajaa,
joka ei tee muuta ku huutaa.
Kyllä on oppi menny hukkahan
        näillä liikaviisahilla,
    kun teköövät kaiken takaaperin,
        häpeesivät eres,
mutta kun'ei, leveellähän vaan,
        notta säästyä syntyy.

Alalinkkoosin

Kakarat kulukoo nykyysin alalinkkoosin,
ennen tehtihin pässinpökkimiä,
eikä niitä häveetty,
s'oli komiaa työntää jalaka
mummon tekemähän villasukkahan.
Kyllä s'olis paree kuunnella vanahempiansa,
eikä lähtiä kaikenlaasihin konhotuksihin mukahan,
ei siitä saa ku kipiat nilikat vanahemmiten.
Sitä sanotahan notta,
jokaasen on kaikki koettava
ja jotta kokenu kaikki tietää
ja vaivaanen kaikki kokee,
mutta minkä herran tähären,
jos joku on huonoksi koettu,
niin onko sitä aiva pakko kokeella.
Kyllä ihiminen on pölöväästi,
ku pitää aina uurellensa
työntää kätensä valakiahan,
etten mä paremmin tuu ja sano.
Sitte niitä älyyttömiä puhelimia hipelöörähän
iliman rasoja,
kaluumet paliahina,
kai ne luuloo not'ei ne koskaa tuu aikuusiksi.

Riivaajat

Mikä niitä oikeen riivaa,
  kun kaikki roskat pitää nakella
  pitkin teitä ja merihin.
Ny maailma hukkuu paskahan,
  kohta meres on enämpi roskaa
          kun vettä
  ja kalaat syöö mitä etehen sattuu
  ja kuoloo ennen aikojaansa.
Kun m'olin kakara,
  niin muovia ei tunnettukaa,
  yhtenä päivänä äitee tuli kaupasta,
  s'oli ostanu muovikupin,
  joka ei kuulemma mee rikki ollenkaa.
Sitä pyöriteltihin käres
  ja koputeltihin sormella,
  torettihin notta s'oli kevyempi,
          ku porsliinikuppi.
Sitte kun kukin oli sitä aikansa hiplannu,
  se purotettihin laattialle ja perhana,
          eihän se menny rikki,
  mukavasti vaan pomppas ylähäpäin.
Kaupoos ei muovia tunnettu,
  kaikki oli paperipussiis tai
          käärittihin paperihin,
  jokka sitte poltettihin pesäs,
  ei pyöriny roskia nurkiis.
M'oon aina kartellu roskien heittelyä
          ja ihimetelly niitä,
          jokka niitä purotteloo,
          kun paskan puostansa.

47

Niinku ei maata olis muutoonki pilattu,
niin pitääkö se vielä roskatakki,
kyllä pitääs joku sakko antaa,
tai piiskata kirkoon eres pyhänä,
vaikka eihän ny kukaa enää käy
kirkossakaa,
kun pitää koko aijan syörä roskaruokaa
ja nakella käärehet pelloolle
ihimisten ja eläämien kiusaksi.
Sitte sitä muovia kaupooski oikeen
tyrkytetähän,
pannahanko muovipussihin?
No ei helekutis panna,
ku tavara on muutenki kääritty,
ainaki viitehen muovikääröhön,
notta niitä ei vanahukset saa millää auki
ja nuorempienki pitää käyttää
talttaa ja vasaraa.
Kaikkia saa kertakäyttöösenä,
kun'ei viittitä tiskata eres konehella,
riirellähän vaan siitä,
notta kuka ne panoo koneesehen.

Filosoofi

Filosoofia tarvittoo yhyren sanan
seliittämisehen tuhaansia sivuja,
    jopa koko kiriasarian,
jota moni filosoofi koriaaloo
    ennen kuolemaansa.
Saaraksensa pohtimisena näyttämähän komialta,
hän käyttää siviistyyssanoja ja omaa
    kehittelemäänsä kieltä,
hämmentääksensä lukijaansa,
noustessansa Akropoliin kukkulalle
paistattelemahan viisauressansa.
S'ei tykkää jos ollahan eri mieltä,
sen viisahutta ei saa kyseenalastaa,
    s'on pitkävihaanen
ja hakkaa sua loppuelämänsä
    sanan säilällänsä,
yrittäen saara sut kiinni typeryyrestä.
Sulla pitää olla paksu nahka
ja morhokorvat kestääkses
    sen räksytyksen,
eikä se tajua koskaa lopettaa.
Olis sanonu sen yhyren sanan,
notta tyhymempiki olis havaannu,
    mistä s'oli kysymys,
niin ei olis tarvinnu koko elämäänsä sanua,
    mitä oli aikanaan sanonu,
s'on kamalaa kuolla, kun ei tierä,
    tuliko ymmärretyksi.

Tairenäyttelyys

Mäkin lähärin kerran tairenäyttelyhyn
ja orotin näkeväni Kallen Kallelan
öliyvärimaalauksia,
mutta ei sinnepäinkään,
siel'oli tiiliä laattialla
ja opas kertooli kuinka upia oivaallus
s'oli ollu, kun s'oli äkäänny laittaa tiiliä
vuoren huipuulle jonohon.
Minä kysyyn notta, koska tiilestä tuloo tairetta,
niin se sanoo, jotta sitte, kun taiteelia koskoo
siihen kivehen,
jopahan s'oli veleho mies.
Yhyres huonehes oli siitepölyä laattialla,
johonka oli suunnattu kirkas valo,
sitä ihimeellistä oivallusta sitten
joukoolla ihaaltihin.
Sitten siellä oli airanseipähiä
ja vanahoja harmaita lautoja seinällä,
niitä airanseipähiä minäkin
pohojalaasena ymmärrin,
kun lauluski sanotahan,
notta airaksella pitkin selekää.
Oli siellä joitakin taulujakin,
mutta emmä oikeen osaannu sanua,
mitä ne esitti,
kai siinä joku jekku oli,
vaikka keisarin uuret vaattehet.

50

Eruskuntavaalit

Kohta on eruskuntavaalit,
 jokku pääsöö erustamahan ittiänsä,
 niistä tuloo ittensä erustajia,
 oman erun tavoottelijoota.
Sitten ne laatii uuret lait
 ja niihin ittellensä passelit
  porsahanreijät,
 joita pitkin pujootellahan
 yhteeskunnan pareemmille oksille.
Kaikkia sitä tuli luvaattua vaalien alla,
 mutta eihän ne enää päre,
 koska ny on aiva uuret parakraafit,
 että on vaalikaria yksinkertaasta,
 eikä sellaasia lupaauksia
  voi pitää Erkkikää.
Nyt voirahan surutta leikata,
 kunhan muistaa ensi vaalien alla
 antaa yhyren rosentin takaasin,
 niin äänestäjät kiittää
  ja kumartaa.
Joskus mä ihimettelen,
 notta mistä nuota sikiää,
 jokka ei näe nenäänsä piremmälle,
 vaikka eihän se mua haittaa,
  päinvastoon,
 no ei muuta kun saunahan, nukkumahan
 ja kunnon napsut lärvihin.

51

Railo syvenöö

Ennen m'oltihin kaikki ihimisiä,
mutta kouluutus on jakanu meirät
kahtehen leirihin,
lukeneehin ja ihimisroskihin,
joss'ei sulla oo paperia CV:hen,
niin hyyskähänki on paha mennä.
Onneksi on porsahanreikä,
nousta pois roskajoukosta,
voittamalla lotosta muutama milioona,
niin johan pomppas,
yhtäkkiä sä kuulutki eliittihin
ja ny mä sen vasta äkkäsin,
perhana kun pistää vihaksi.
Tosin onhan niitä muitaki jakolinioja,
mutta ei niistä ny sen enempää,
kuten viina, terveys ja ryhymät.
Kaikkihan sitä näköö ja kuuloo,
jos jaksaa kuunnella ihimisroskia,
mutta jos kuunteloo,
niin tuloo huomaamahan,
notta perskules sen tähäre,
ihimisiä neki on
ja monet palio lukenehia,
mutta niiltä puuttuu tutkinto,
CV ja titteli,
ja sitä leimaa ne kantaavat
koko ikänsä.

Vapaaehtoostyöstä

Mäkin halusin mennä lukemahan
        vanahuksille,
  ku oon itteki vanaha,
  mutta ei ne mua huolinu,
  vaikka vanahukset haluaasi.
Vähä aikaa kävinki,
  mutta kerran meirän aijalle tuli pappi,
  joten me saimme häipyä
        niine hyvinemme,
  toises paikas oli vanahukset
  laitettu nukkumahan
        keskellä päivää.
Sitte sanotahan,
  notta vanahukset tarttoo virikkehiä
  ja pannahan pappi asialle
        tai lauletahan,
  "jänis istuu maassa torkkuen".
Mun tarinat olis nuoruusmuistoja,
  mun ja vanahusten nuoruusvuosilta,
  ne tois heille lämpöösiä muistoja.
Vaikka n'olis kuinka nukuksis,
  niin kohta ne herää lujaa
  praataamahan lapsuurestansa.
Jospa ne virkistyyki liikaa,
  joten ei meitä sinne päästetä,
  vanahoja ihimisiä villittemähän,
  kuluu liikaa rauhoottavia pilleriä,
        on se niin väärin.

Isä sanoo

Isä sanoo aina,
  nottei saa valehrella,
  mutta ku ne valehteloo
    koko aijan.
On se ny pirunmoista,
  kun'ei voira puhua totta,
  kouluutettuja ihimisiä
    kaikki tyynni,
  mutta koko aijan kieroollahan,
  eikä enää ittekään muisteta,
    mitä tuli sanoottua.
Ennen valehteliaa pirettihin
    surkiana otuksena,
  ny ne palakittoo toisiansa siitä,
  kuka parahiten valehteloo
  ja jakaa rahaa toisillensa.
Reheelliset torenpuhujat näköö näläkää
  ja monet istuuvat linnass.
  kun kierot tuomarit vääntävät
    totuuren valeheksi
Sulta vierähän kaikki,
    hautapaikkaski,
  jos'et osaa valehrella,
  s'oot pelekkä luuseri.

Aijasta

Mitä ne puhuuvat,
  notta aika loppuu
  ja hätäälövät turhan takia,
  ei se aika mihinkää lopu
  ja jos henki menöö,
  niin siitä alakaa ikuusuus
  ja kiiruhut loppuu tykkänänsä.
Kyllä oikeen pahaa teköö,
  kun hosutahan ja mennähän,
  ku päättöömät kanat,
  eikä ittekää tierä mihinkä truivaas,
  kun pitääs saara yhyreksän hyvää
  ja kymmeenen komiaa
  yhtä aikaa valamihiksi,
  eikä osaata tykäätä lopputuloksesta.
Kyllä on kiva istuuskella kannoonnokas,
  haistella tuulta ja mettän tuoksua,
  kun'ei oo mihinkää kiirus,
  voi vaan naatiskella tässä ja ny,
  eikä kukaan komentele hosumahan
  ja suora ittelle tämä
          autuahallinen olotila.

Isä sanoo 2

Isä sanoo aina,
  notta valehrella ei saa,
      eikä varaastaa,
eikä julukisesti juopootella.
Sen takia mäki aina tarkootan,
  sitä mitä mä sanoon,
  ei eres pieniä valakoosia valehia
      voira hyvääksyä,
  koska s'olis ittepetoosta.
Ja varaas s'on oikia luikuri,
  salaa aina jotaki ottammas,
      toisen omaa,
  korkeentaan naurihin vois
  syörä pelloonpientarehelta
  pahinpahan näläkähän,
  eikä sekää olis oikeen
      iliman lupaa.
Julukijuopoottelu on rumaa,
  koko suku saa häveetä,
  kun kylillä puhutahan,
  miten s'oli mekaastanu
      kirkoonkylällä
  ja heilunu puukoon kans
  ja sammunu tienojahan,
  nimismies joutuu sen sieltä
  koriaamahan taltehen,
  notta kyllä s'on isään
      neuvua toteeltava.

Älä lyö naista

Isäni sanoo,
  notta naista ei saa lyörä
  ja joka niin teköö
  on raukkamaanen roisto,
  ei s'oo eres mikää mies,
          s'on vellihousu.
Mutta ny ne sanoo,
  notta pitää pyytää suostuumus,
  jos haluaa rakaastella eukkuansa,
  vaikka toinen oikeen orottaas,
  jotta mikset sä jo tuu.
Pitääkö asiasta ruveta neuuvoottelohon
  ja teherä oikeen pöytäkiria
          ja allekirioottaa se.
Jos'ei muita oo kotona,
  niin tartteeko pyytää kranni
          toristamahan,
  notta kyllä ne moleemmat tahtoo,
  tietyysti kirialliseesti toristettuna.
Kyllä siinä haluut katuaa
  ja syntyyvys alenoo vauhrilla
  ja maapallo kiittää

Lähäretähän

Lähäretähän joukoolla panemahan
maailiman asiaat kuntohon,
ku nuo kouhoottajat vaan sotkoo
ja sekaa joka asian aivan muuksi,
kun tarttis,
niinku ei tässä olis murehia
iliman niitäki.
Kilivan valamistetahan asehia
ja muuraallahan muureja
ja syytellähän toisiansa.
Jokku valehteloo silimät päästänsä
ja toiset määkii ku lampahat,
s'on yhtä puliveivaamista,
sitte ollahan niin miestä, notta.
Pitääs panna akat asiaalle,
mut'ei miesten myrkyyttämiä,
vaan puhtahia pulumisia,
jokka murehtis meirän asiat,
ku omien kakarootten,
silloon meille aukenis taivas
ja oltaasihin rouvan kukkaroos,
ku linnunpoijaat pesäsnänsä.

Haluja

Toisinansa tuloo kummallisia
    mielihaluja,
kun teköö mieli mennä pelloolle
    sontaa ajamahan,
tai lähtiä tukkimettähän
pokasahaalla puita kaatamahan.
Ei se oikeen tervehellistä oo,
    ku mun mielestä puut pitääs säästää,
mutta ku haluut tuloo pyytämättä,
ei se juoppookaan aina halua juora,
    mutta kun himo vetää
ja minkä sille pieni ihiminen voi,
silloon sitä vierähän,
    ku pässiä narusta,
    ku haluut isköö.
Sitte sitä sanotahan,
    notta s'on ihiminen,
joka on luomakunnaan herra,
vaikk'ei s'oo eres ittensä herra.
Kyllä me kulietahan täällä kohtaloon
    ja sattumaan armoolla,
että eiköhän vaan toivoota parasta
ja syörähän sitä, mitä annetahan

Pula-aika

Kyllä s'on ihimisen elämä kuriaa,
 kun koko aijan mennähän
  huonompahan suuntahan,
 kuinkahan alaha sitä pitää mennä,
 ennen'ku tuloo toppi vastahan.
Mutta sitä min'en ymmärrä,
  notta samahan aikahan
 tavara- ja roskavuoret kasvaa,
 ruokaa lipotahan tunkioolle
  minkä keriitähän,
 tuntuu notta pulaa ei oo muusta,
  kun pulasta.
Silloon ku oikiasti oli pulaa,
 tehtihin työtä pimiästä pimiähän,
 eikä sitä palio tarvittukaa,
 kun'ei jäänyt aikaa turhuutehen,
 ny pitää olla pelit ja vehkehet
  ja palio omaa aikaa.
Ja vaikka olis kuinka palio,
 niin ollahan koko aijan jotaki vailla,
 ku kiimaaset elukat vainioolla.
Sanokaa mun sanonehen,
 notta tästä ei hyvää seuraa.

Ne valehteloo

Poliitikot valehteloo koko aijan
  ja sitte ne syyttää valesuutisia,
  joilla yritetähän vaikuttaa
      vaalituloksehen,
  vaikka ne itte teköö kaikkensa
      voittaaksensa vaalit.
On se nyt yhtä perkelettä,
  kun valehtelustaki on tehty
      joilleki yksinoikeus.
Kattokaa ny tämän päivän johtajia
  ja osoottakaa yksiki torenpuhuja,
  s'on maharotoon tehtävä
  ja jos joku siltä vaikuttaa,
      niin se vasta onki
  valehtelijooren kuningas,
      oikeen emävalehtelija
  ja ne saaki koreemmat tittelit
      ja palakkiot,
  hyvästä valehteluusta.

Rajat

Ennen sanottihin,
  notta ihiminen murehtii
  ja riitelöö rajaojiista
      ennen kuolemaansa.
Meiränki kranni haki maanmittaajan
  ja tilas kaivuukonehen,
  kaivamahan isoon ojan rajalle,
  no me saatihin puoli peltua
      lisää maata,
  koska vanaha oja oli meirän puoleella.
No ny rapaakon takana, suures lännes
  se yksi kohelo riitelöö rajaasta
  ja haluaa iesuksen isoon muurin,
  aivan ku Berliini muurin,
  mutta palio pireemmän
  ja ku ne ei taharo antaa sille rahaa,
  niin se kostaa sen työlääsille,
  olla maksamatta palakkaa melekeen
      milioonalle ihimiseelle.
On siinä kälämi mies,
  ihan ku pikkukakara kiukuttelemas,
  kun'ei saa tahtuansa läpitte.
Se taitaa teherä kuolemaa,
      ku s'on niin käärmehis
      siitä muuristansa,
  se tuloo jäämähän historiahan
  leekomuurin rakentajana.

Kettumaanen

Kyllä on kettumaanen meininki,
  ku ensi myyrähän sähköverkko
      sijoottajille,
jokka tahtoo voittua
ja nostaa hinnat pilivihin,
eikä loppua näy hintahissis
ja kaikki muukki nousoo,
mutt'ei eläke eikä palakka.
Ja jos ei voittua tuu,
  niin taharotahan ennakkua,
      kuten vuokrihinki,
  niin ny myös vetehen,
  voittua tarttoo saara etukätehen.
Kyllä ennen vanhahan
  tavara maksettihin vasta,
ku s'oli saatu kätehen,
  en moo koskaa mitään maksanu,
  ennenkö oon saanu tuottehen.
Ny eletähän rahataloutta,
  tärkiää on vaan se,
      ku raha kiertää,
  mutta vois se kiertää munkin
      lompsan kautta.

Ihiminen

Jos ihimisellä olis valta,
  niin se menis ja järjestelis,
  koko galaksin tähäret, kuut
  ja planeetat uutehen uskohon,
  eikä se siihen jäis,
  se tryykääs joka galaksihin,
  koko maailiman kaikkeutehen,
  rakentelis visioota
  ja epäjumalankuviansa.
Ja kun kaikki olis vielä sekaasin,
  niin mennä kouhoottaas ettimähän
  uusia maailimankaikkeuksia,
  ei sille pirulle mikää pisaa,
  ku s'on alakuhun päässy.
Ja mitä enempi s'on saanu valtaa,
  sitä hullummaksi se tuloo,
  eikä se ollenkaa ymmärrä,
  notta se joskus kuoloo
  ja kun se kerran kuukahtaa,
  niin sen kakarat jatkaa siitä,
  mihinkä s'oli jääny.
Kyllä luoja erehtyi pahan kerran,
  kun se tuollaasen tuholaasen
  teki tänne maailimahan.

Haamuja

Ny n'on keksiny uuren tavan teherä rahaa,
s'on niin, notta haamuhoitaja tuloo
palio halavemmaksi, kun oikia hoitaja
ja sijoottaja kiittää.
Eihän vanahukset palio hoitua vaari,
kun'on muutenki jo puolikuollehia.
Haamut rikastuttaa koko maan taloutta,
koska tarvitahan haamujen mettästäjiä,
kaupanpäällisiksi koko pyrookratia
kallihine johtajinensa.
Sitte kun se vielä yksityystetähän,
niin sijoottajakki rikastuu
ja työllistynehien määrä sen'ku kasvaa.
Työttömyys tuloo häviämähän,
kun pannahan parakraafeihin haamutyölliset.
ja mistä sen tietää vaikka niitä olis jo.
Velekaonkelmat ratkiaa kun rahat loppuu,
niin maksetahan haamurahaalla,
s'on niin yksinkertaasta,
notta sitä ei oo vielä tähän mennes havaattu,
keksijän pitääs saara talousnoopeli tästä hyväästä.
Haamujenkihin meki jokahinen mennähän,
kun'ei lusikka enää käres pysy.
Ihan menöö viluunväristyksiä,
kun'mä mietiskelen tuleevaasuutta,
tuntuu kun olis ny jo haamutaivahas,
perskules.

Valitusta

Ihimiset rutisoo koko aijan
milloon mistäkin
ja kyylää toistensa menua,
kun'ei vereskää sais' kävellä vierekkäin,
ne sanoo, notta pitää mennä jonos.
Voi pyhä yksinkertaasuus,
mita se sellaanenki on,
jos kaverille on asiaa,
niin sitte pitää huutaa
ja siinä sitä huurellahan,
ihan'ku älyttömihin puhelimihin.
Rutisijat pitääs vierä järven rantahan
ja lätkäästä numerolappu selekähän
ja sanua, jotta kävele ny,
ku niin mieles teköö,
siinä sitä järven selekää piisaa.
Tällaases menos hulluus kasvaa nopiampaa,
kun mettä uuristuu
ja tuppisuu suomalaaset
paineloo jonos kilipaallen,
kuka lujempaa menöö
ja suuttuvat jos juku menöö ohi,
voi perhana sentään.

Pakkoja

Koko aijan käsketähän
ajamahan polokupyörällä,
notta maailma pelastuus,
mutt'ei sais' ajaa ajoraralla,
jalakakäytävällä, eikä kävelykarulla,
joka on leviä kun autopaana.
Kaikkia muuta siellä saaki teherä,
mutt'ei mennä nätiisti pyörällä
ja pakkoja piisaa,
pitää olla kypäräpakko, etulyhty
ja kissinsilimä, soittokello, rapakaaret,
pakkoja on kun Vilikkäläs kissoja,
tämä on sellaasta takkuamista,
ku Kujanpään Matin lukeminen
                (vanha sanonta)
Ei s'oo tavaroosta tai säästä kiinni,
vaan ihimisistä, notta miten kulukoovat
ja ottaa huomiohon toisensa.
Kaikki me maharutahan kävelykaruulle,
ku ymmärretähän, nottei olla täälä yksin
ja otetahan se huomiohon,
sinne mahtuu koko kansa ihan hyvin,
mutt'ei kahta kuningasta.

67

Menottaa

Ihiminen on kun vesikirppu,
    veren pinnalla,
se menöö joka suusntahan koko aijan.
Se yrittää päästä periille, tajuamatta,
    notta s'on koko aijan periillä,
    vaikka s'olis mihinä.
Sen pitää päästä menemähän,
    vaikka maapallo alta sulaas
    ja siinä mennes pitääs saara palio
            tavaroota mukahansa,
    niitä olis kiva kattella ja näytellä,
    jos vähän aikaa olis pysähryksis.
On se ny pirunmoista rehaamista,
    kun'ei yhtään paikallansa pysytä,
    s'on ku me kakarat pieninä,
    ku juostihin oveesta erestakaasin,
            äitee sanoo,
    notta mikä nuota kakaroota oikeen vaivaa,
    kun'ei tierä meniskö sisälle vai ulos,
    eikä puoliväliskää pysy.
Samanlaista s'on nykyään aikuusilla
    ja maailma hukkuu paskahan.

Ei luulo oo tieron väärtti

Kaikki luuloo,
  notta ne jää jotakin paitti,
  nollei ne tryykää joka festarihin
  tai kissanristiääsihin,
  eikä ne tajua mitä paitti jäävät.
No tietysti rauhaa ja rakkautta,
  eihän siin'oo hetken rauhaa,
  kun koko aijan mennä kohelletehan,
  rakkauresta puhumattakaa,
  yritetähän sitä toki sitäki
      johonaki väliis,
  mutta ei hosuumalla tuu muuta
  kun kusipäisiä kakaroota.
Kyllä n'on onnellisia,
  jokka osaa nautiskella rauhas,
  eikä pikajuoksijan vauhtia
  yritetä teherä kaikkea samahan aikahan,
  siinä menöö puurot ja velliit sekaasin,
  eikä kohta muisteta, mitä tuli tehtyä
  ja oliko mulla mukavaa vai ei,
      kuten entisen poijan,
  joka lomamatkan jälkehen kyseli,
  notta oliko meillä mukavaa.

Kyllä on mukavaa

ku maapallolla on vielä mistä ottaa,
alakuvuosi syörähän omia
ja loppuvuosi kakarooren osuutta,
  turha niit'on säästellä,
kun'ei sitä koskaa tierä,
vaikka meteoriitti putoaas
  ja tuhuaas kaiken,
jäis hyvät evähät syömättä
Ja jos'ei nyt tuliskaa,
 niin kakarat on kekseliähiä,
 kyllä ne aina jotenki päriää
ja jos oikeen tiukkaa teköö,
ei muuta ku mars marsiin
  ja aloottaa aluusta.
Kannattaa ottaa Mooses oppahaksi,
 kun se keksii keinot pahas paikas,
 niinku mannasares taivahalta
ja seipähällä kalauttamalla
tuloo vettä kallioosta.
Rakettia on maailma pullolansa,
 ettei se siitä jää kiinni,
 ostaa vaan Trumpilta, Putiinilta
  tai Kimi poijalta
ja onhan niitä vähän joka kylääs,
ei muuta kun menooksi.

70

Ehkääsyä

Kyllä pitääs tähän maailiman aikahan
        osaata ehkäästä,
kun ihimisiä on ku sontiaasia
        paskakasas,
ettei oikeen sekahan maharu.
Nyt puhutahan notta ainaki milioona
    oliota ja eliöötä on häviämäs,
        hätää kärsimäs,
        ku meit'on liikaa.
Joku vielä kehtaa puhua
        kakarantekotalkoosta,
        notta tulis kasvua,
mutta eihän mihinkään maharu
        määräänsä enempää,
n'on kun veturia yksisuuntaiseella raiteella,
kun'ei voira kääntyä, vaikka mikä olis,
        s'on niin mukavaa.
Nyt otatta käyttöhön kummipuvut,
    pilleerit ja pessaarit sun muut
    ja jos on puolta vähempi sikiöötä,
    niin rakastetahan niitä puolta enempi,
    silloon homma on palanssis,
        vai mikä se ny on,
jää muilleki elukoolle tilaa.

Eläämistä

Moon maalta kotoosin,
        pohojanmaalta,
sielä elukoota kohoreltihin
ku perheen jäsenihiä.
Äitee pesi ja harias lehemiä,
    tapuutteli ja lauloo niille
ja kun lehemästä piti luopua,
        ei se voinu kattua,
vaan lähti muka asioolle,
kun lehemä vietihin,
s'oli niin kova paikka sille.
Kanat sai tepaastella rauhas,
    kruopsuuttaa maata
        ja teherä pesää,
nykyysin n'on kanan kokoosis
        metallihäkiis,
liikkumiskyvyyttöminä.
Sitte niitä vielä käsitellähän
        kovakouraasesti,
kyllä on elukooren elämä
        menny surkiaksi,
        ihan pahaa teköö.
Jos me syörähän elukoota,
niin pitääs olla kiitoollinen
ja pyytää niiltä anteheksi,
kun jourutahan tappamahan,
eikä kohorella julumasti.

Sioosta

Törkyystä ihimistä sanotahan siaaksi,
   musta s'on loukkaus sikaa kohtahan,
         sika on puhuras elukka,
   kun sille annetahan maharollisuus,
   elää lountehensa mukahan.
Elä siinä sitte siivoosti,
   ku emakko pannahan pienehen häkkihin,
   johona ei maharu eres kääntymahan,
   ei siinä tuu muuta kun makuuhaavoja
         ja pahoja paisehia,
   puhumattakaan ressistä ja aharistuksesta,
   jota niiren on ihan pakko tuntia.
Katto tälläästä kaltoonkohoreltua
         elukkaa silimihin
   ja elääry sen asemahan,
   niin tuut näkemähän piinaatun sielun
   ja saat osaksesi sen tuskan,
         jota se sisällänsä kantaa.
Kyllä siinä menöö ruokahaluut,
   jos ne antaa meille ittensä syötävääksi,
   niin kyllä meirän pitääs kohorella niitä oikeen
   ja kiittää lahajasta, jossa ne luopuu elämästänsä
         meirän hyvääksi.

Luomakunnan herra

M'ollahan muka luomakunnan herroja,
rosvoja m'ollahan,
vierähän kaikki mitä irti saarahan,
maasta ilimasta ja verestä,
mitää ei jätetä mukuloolle,
muuta kun jätettä.
Mitenkä me kaikki keksitähänki,
nuollahan viimeeset pisarakki,
ku kakarat kaakkutaikinan vuoasta,
kyllä noloottaa olla
tämän päivän aikuunen.
Useen kuuloo sanoottavan,
notta herrat on rosvoja,
niin pitäähän meirän rosvota,
jotta sanonta tulisi toreksi
ja sitte ku oikeen on millä mällätähän,
niin kierretähän muskelivenehellä
rinkiä meres
ja tullahan väsyksis kotia,
ku niin lujaa mentihin,
notta sippulat vinkuu.
Tähän se johtaa kun kaiken teköö konehet,
niin sitte turhaantunehina
mennähän ku pöliät.

Narsisti

Mä luin tässä yhtenä päivänä
sellaasesta ihimisestä ku narsisti,
kyllä osaa olla venkula ihimiseksi,
ku sen mielestä kukaa muu ei osaa mitää,
se yksin tietää maaliman kaikki asiat.
Se johoratteloo ihimisiä ku mettä vaan
ja on niin mukavaa notta,
mutta jos sen kärpäspaperihin jäät,
niin siinä istut ku tatti paskalla.
Siitä alakaa sun alamäkes,
　　kaikki mitä sä teet kyseenalaastetahan
　　　　　　　ja mitätöörähän,
　　sä et oo yhtään mitää,
　　　　　　　ekkä oo koskaa ollukkaa,
　　sun äitees ja isäs on epäonnistunu,
　　täyreellisesti sun suhtehes.
Kyllä menöö elämä surkiaksi,
　　　　　　　jos sitä uskoo,
　　ei sellaasen kans' kannaata takuta,
　　otan tähän raamaatullisen vertauksen.
Paree s'on miehen olla yöllä vesisatehes katoolla,
　　ku nalakuttaavan akan kans' tuvas.
En ny muista raamatun kohtaa,
　　　　　　　mutta tällä lailla.

75

Murre

Pakko palaata lapsuuren kielehen,
  kun'ei enää kärsi kuunnella,
  kahajujen pomojen eresottamuuksia.
Yksi tohelo keksii tulitikuun
  ja alakaa polttaa mettää uraakalla
  ja toinen tolloo kiittää ja kumarteloo,
  yksiä perkelehiä kaikki tyynni,
  etten mää pareemmin tuu ja sano,
  kyllä ny olis kirvehellä töitä.
Sitte n'on ku pikkupoikia,
  notta kellä ny on suurin rakeetti
  ja källää toistensa rakeettia
  ja ovat niin perkelehen persoja
            rahaan perähän,
  jotta ollahan valamihia
            tappamaahan ihmisiä,
  notta sais palio rahaa.
Mun on pakko puhua tästä murtehella,
  kun'ei kiriakieli enää taitu,
  ei saa sanoottua suorahan,
  niin'ku pohojanmaalla on
            tapaana sanua.

Murtehesta viälä

Ku m'olin kakarana kouluus,
   niin kiellettihin puhumaasta murtehella
   ja jos'ei uskonu, niin sai
      velekapistehiä.
Siinä tapaahtuu raaka vääryys,
   kun'ei saanu puhua äireenkieltä,
   meistä tehtihin heti kakaroona
   toiseen luokan kansalaasia,
   sitte vielä keherattihin sanua,
   jotta murtehet tuloo säilyyttää,
   niitä pitääs jopa vaalia.
Valehrellahan vielä,
   notta silimät päässä pyörii,
   kun herelmäpelin kuvat.
Sitte joku hyvääkäs sanoo,
   jotta ei se niin oo, ku sanoo jotaki,
      n'ei ymmärrä,
   notta s'on justihin niin
      ku sanotahan,
   joka taloolla oli oma murre,
   mutta silti ymmärrettihin toisiamma,
      ku vaan taharottihin.

Kestävää kehitystä

Koko aijan puhutahan
kestäväästä kehityksestä
ja kasvuusta,
eihän ne sovi samahan
lauseesehen.
S'on niin nott'ei yhtä aikaa
voi syörä ja säästää,
s'on pantava suu säkkiä myören
vähän joka asias',
eli ettei saa syörä enempää,
kun luonto uuristuu vuores.
Kaikkien pitääs ruveta köyhäälemähän
ja Roope-ankkojen kultavaraastot,
täytyys ottaa yhteesehen käyttöhön
ja jättää luanto rauhahan
vähääksi aikaa.
Mutta ei niin teherä,
koska jokaasella tuloo olla
kaksi asuumusta,
lomaosakes Espanjas ja golfosakes,
lapinkammi ja vähintään mersu tallis,
muskelivenes merenrannalla
ja lopuuksi pitää teherä pari- kolome
kaukomatkaa paratiisisaarille.

Näläkä

Ei näläkä puhuumalla lähäre,
  se lähtöö syömällä,
  notta älä rupia näläkäästä
      neuvoomahan,
  se pitää aluuksi syöttää,
  jotta järki rupiaa juoksemahan
  ja sitte vasta aleetahan miettiä,
  mitä jatkossa tehtääsihin.
Paha s'on ruokaa laittaa,
      jos ei oo kotua,
  kyllä pitääs jokaasella pesä olla,
  mihinkä ehtoolla päänsä kallistaa,
  paha s'on karuulla tai rapuus nukkua
  ja kun sieltäki ajetahan pois,
  kyllä ei oo koroottoman elämä
      mitää herkkua,
  s'on suorastansa yhtä perkelestä.
Ja sitte jokku hyväkkähät ostaa
  kokonaasia kerroostaloja,
  s'on niin hyvää pisnestä,
  toisten olless iliman kotua.

Murteiren loppu

Ne sanoo, notta murtehet on kuollu,
  mutta m'oon ajatellu pitää yllä
        omaa murrettani,
  Etelä-Pohojanmaan murretta.
Synkimmät ennustelijat sonoo,
  jotta Suomen kielikin tuloo häviämähän
  ja tääläkin puhutan kohta vaan Englantia.
Lujaa ne yriittää ny jo,
  kun joka välihin sanotahan Englanniksi
  ja väärinkäsiittämiset sen kun kasvaa.
Kauppojen nimekki on sitä samaa
        epäselevää siansaksaa,
  eikä nimeestäkää enää tierä,
  mitä missäki myyrähän,
  jos menöö ostamahan keksiä,
        voi saara seksiä.
Mollahan niin pieni kansa,
  notta kai meirän aika on ollutta
        ja mennyyttä.
Jos'ei kukaa enää kirioota
  pohojanmaan murtehella,
  niin nämä mun runot tuloo olemahan
        viimeeset,
  s'on suuri vastuu pienelle miehelle.

Postimies

Postimiehestä ollahan tekemäs
  biolokiista monitoimi konesta,
  aivan'ku Tshernobyliissä,
  kun sotilahat poisti säteeleviä kiviä
    manuaalisesti katoolta.
Ny postimiehen pitääs peruustaa firma
  ja lajitella yöaikahan postit,
  aamulla lähärettääs jakamahan,
  siinä samalla s'olis taksi,
  joka veis mukulat kouluhun
      ja ruokaa vanahoolle
  ja koska jo ollahan vanhaaskoris,
  mikä estääs antamahan lääkkehet samalla
  ja tarviittaessa vois vaihtaa vaipat,
  vielä ku heittääs mummun takapenkille,
  niin tulis siinä sivussa ulukoolutettua.
Siinä ohi ajellessa postia jaellessa
  vois teherä lumitöitä, klapeja
  ja kesäaikahan ajaa nurmiikot
  ja nott'ei työt loppuus,
      niin mikä estääs
  praataamasta yksinäästen kans'.
Ja jottei aika tulis pitkäksi joulunpyhiinä,
  niin ei muuta kuin joulupukiiksi.
Kaikkeen parasta täs on se,
      jottei se tartte palakkaa,
  koskei se koskaan eheri
      sitä kuluttamahan,
  kun'ei se eheri nukkumahankaa,
  huilatahan hauras, sanoo entinenkin ukko.

81

Eikä se näläkähänkään kuole,
  ku annetahan samaa ruokaa kun mummuulle,
    asuntokin on turha,
  kun'ei se sielä eheri koskaan olemahan.
Täs'hän rupiaa ihan karehtimahan,
    on niin monipuoliinen työ,
  eikä mitää omistamisen murehia,
  ei muuta kun ajeloo raitiilla ja syöö,
      perhana ku olis nuoreet,
  niin peruustaas jakelufiriman
  ja soittelis postimiees Pate levyä,
  kun joirenkin pitää pitää kynsin hampahin
        kiinni biloonistaan,
  n'ei oo vielä ymmärtääny
      elämisen tarkootusta.

Palakoosta

Kyllä ny on maailima sekaasin,
  kun asunnonmyyjien pitää
    maksaa siitä,
  notta saavat teherä työtä
  ja tuntuu, jotta siihen muukki
    pomot pyrkii.
Tulevaasuures kilipaallahan siitä,
  notta kellä on eniten velekaa
    ennen kualemaa,
  koska sitä tuloo olemahan palio,
  ainua asia mitä saa säästöhön
    on veleka
Mi'noon vanaha yksinkertaanen ukko,
  enkä mä oikeen käsitä
    tällaasta menua.
Kyllä ennen palakkaa maksettihin,
  vaik'olis kuinka vähäpätöönen työ,
  eikä sellaasta oikiastansa ollukkaa,
  sillä kaikki työ oli tärkiää,
  nyt tuntuu, notta ahaneutta
  arvostetahan kaikista enite,
  ei oo maailima enää mallillaan,
  s'on petojen taistelutanner.

En käsitä

Sitä mä en vaan käsitä,
  minkä tähäre meirän pitää ny
  repiä maasta irti kaikki
        maharollinen
  ja automatisoora kaikki työ
  ja lopuuksi piilootetahan rahat.
Mitä jää tämän päivän kakaroolle,
  pätkätyö oleemattomalla palakalla,
  joka ei piisaa eres ruokahan,
  tyhyjäksi kaluttu hukkuva maa,
        keriälääsen osa
  joka on orian osaaki pahempi,
  orjia syötetähän ja juotetahan
        ja majootetahan,
  mutta pienituloonen heitetähän
        näläkääsenä karuulle.
Äläkää sitte ihimetelkö,
  jos nuoret rupiaa osoottamahan
        mieltänsä
        ja riehumahan karuulla,
  s'on jo alakanu mones maas,
  ei vieteriä voi ikuusesti kiristää,
        se katkiaa
  ja siitä ei yleensä hyvää seuraa.

AY-liike

Silloon ku m'olin nuori,
    niin työmiehet valitti itte erustajansa.
Mä en ymmärrä kuinka s'on maharollista,
    notta herrat valittee mulle erustajan,
    kuinka ne voi puhua mun puolesta,
    kun en oo niitä valiinnu,
    profeessorimiehetki sanoo, ettei sille mitää voi,
    rikkoo jotain sopimusta,
Mä sanon, jotta perkeles,
    kuka semmoosia sopiimuksia on menny tekemähän,
        en mä ainakaan,
    kyllä pitääs olla kaatokännis,
        aivot koomas,
    notta siihen peperiihin nimeni laittaasin.
Meirät on myyty halavalla,
    jotta herrat pääsöö huseeraamahan
        viimeesen päälle.
Sano mun sanonehen, jotta yhtehenotto täs' vielä tuloo
    ja siitä ei hyöry kukaa muu
    kun ne jokka elää ja rikastuu kaaoksesta.

Maailma sekaasin

Mun pitääs painaa pääni avantohon
          ja rauhoottua,
mutt'en mä voi,
kun maailma on menny sekaasin,
työmiästä lyörähän kun vierasta sikaa.
Ihiminen ei oo enää minkää arvoonen,
    sille ollahan maksavinansa palakkaa,
    joka ei riitä eres perusasioohin,
    sitte sanotahan, notta haje tukia,
    seki vähä vapaa-aika mikä jää,
    pitääs jonoottaa keriuulla,
    mutta pohojalaanen ei tykkää keriätä,
          se mieluummin ottaa,
          tai näköö näläkää.
Ahanehtijat on vallannu maan,
    menis neki karulle mukin kans' istumahan,
    niin näkisivät mitä köyhyys on,
          mutta ei ne mee,
    vaikka ne haluaaski neki rahat,
    kun'ei kellää muulla sais'olla senttiäkää,
    kyllä on kälämiä porukkaa,
    etten mä pareemmin tuu ja sano.

Reikä

Kaikki ei kestä boonuksia,
n'ovat vaarallisia firmoolle
ja yhteeskunnalle,
sillä boonukset teköö niistä ahanehia,
heirän sielun ja syrämen paikaalle
tuloo reikä,
n'ovat karottanehet torellisuuren
ja ovat valamihit tuhuamahan kaiken,
saaraksensa yhä lisää mammonaa.
Ne myyvät ruokkivat käret
ja äitinsä,
kilipaalevat ja kerskuuvat sillä,
kuka eniten ansaattoo,
niiltä on häviinny moraali
ja lähimmääsenrakkaus,
n'ovat syöpälääsiä
yhteeskunnan lihaassa.
Palio tärkiämpi ku CV ja oppiarvo
on moraali henkilöötä valiittaessa,
on yhteestyökyky ja –halu.
Ketää ei pirä halapuuttaa,
vaan tasaata oikiass' suhtehess',
ja se suhure on ihimisarvoonen
elämä jokaaselle.

Vesikävelyyllä

M'ollahan yhtä pitkiä
ja kasvetahan alahapäin,
ku m'ollahan vesikävelyyllä,
sielä ei tartte ketää kattua
ylähäpäin,
eikä häveetä pienuuttansa,
vesi tasoottaa päät parahiksi.
S'on myös siitä mukavaa,
notta muukki kropan pokkeuret
on sopivasti piilossa,
sielä me kaikki ollahan
yhtä komeeta
ja puhtahia
ja ku ollahan saunas,
niin kukaa ei koreele vaattehilla.
S'on maailman tasa-arvoosimpia paikkoja,
sielä me ollahan kelteesillä,
ku vastasyntynehet kakarat
ja kyllä oloki on uuristunu,
on ku olis ripiillä käynyt
ja saanu syntihinsä anteheksi,
sielu ja ruumis oikeen tanssii pihaalla,
kun tultihin ulos hallista.

Armeijamuistoja

M'olin alaikäänen, vapaaehtoonen,
kun mä menin armeijahan.
Velijet neuvoovat mua,
notta tee kaikki mitä pyyretähän
omahan tahtihin,
älä koskaa aja ittiäs loppuhun.

Juna kolokutteli Peipohojan aseemalle,
mistä meirät vietihin suorahan
rättivarastoolle,
kyllä niitä rättiä oliki,
hyvä jotta jaksoon kantaa,
vain harva oli sopiva,
n'oli joko liian suuria tai pieniä,
mikä kinnas ja mitä roikku päällä.

Punkka piti olla ku tiiliskivi,
tai se revittihin heti auki,
tehtihin sielä muutaki mukavaa,
villakoirien hautaamisia
ja hymypesuja,
opeteltihin pokkaamahan
ja kumartamahan,
pestihin laattioota iltamyöhäälle
ja opeteltihin ulukua morsiamen
(kiväärin) numerua.

Aina piti teherä asento,
kun alikessu tuli tupahan
ja huutaa, huomio!

sitten ku viimeen päästihin nukkumahan,
sanoottihin, notta käret pitää pitää
          peittojen päällä.
Mitähän varte?

Marssit täyspakkauksen kans'
  oli kovaa menua pienelle miehelle,
  kun pakkaus oli melekeen yhtä suuri,
          ku mieski,
  onneksi mä sain käveellä viimeesenä,
  kun'ei oikein tahtonu pysyä peräs,
          mutta kessu piti huolen,
  jotta pysyyn näköetääsyyrellä.
"Sotamiäs Luoma muotohon,"
  sitte piti vähä kiiruhtaa.
Marssitauoolla kierrettihin porsashariua
  ja ensiksi viisi viimeestä kiertää uurelleen,
  sitte neliä. kolome ja niin erellensä,
  lopuuksi minä kierrin yksin
  ja ku mä pääsin joukkuehen luo,
  niin heti marssia jatkettihin.
Samoon mun piti kiertää sähkötoloppaa,
          meteerin lumihanges,
  muut oli jo lähtenehet kassulle,
  kun kessu huuteli mun juoksemahan,
          mutta mä huurin takaasi,
  notta yritä itte juosta meeterin lumihanges,
  kun mä pääsin tielle, niin se taas käski mua
          juoksemahan,
  mutta mä sanoon sille,
  jotta miten sä luulet mun jaksavan juosta
  tuollaasen jäläkehen, juokse itte jos haluat.

No se siihen, notta kieltäärykkö.
Mä sanoon sille, notta m'ollahan kaharen
ja meen justihin niin lujaa ku pääsen,
ei se siihen enää mitää sanonut
Ja niin me kävelimmä kaharen kassulle.

Kerran oli kova paikka sulukeesis',
m'olin silloon komppanian lähetti
ja meillä oli kerran viikos sulukeeset,
yks' ylikessu vei meirät aina mettähän
mustikoota syömähän.
Yhyren kerran esikunnasta tuliki ylikessu,
joka vei meirät sulukees kentälle,
mull'oli suntispuku päällä
ja se käski meirän ryömiä,
maa oli märkä ja kuraanen,
emmä ryöminy,
mä käveelin kumaras,
se tuli mun vierehen huutamahan,
notta ryömikää,
menin vähä syvempähän kumarahan.
Sitte se huus', maahan, mutt'en menny,
siihen se, notta luorit osuu suhun,
minä siihen, yli näkyvät lentävän.
Siitäkös se suuttui ja käski ilimoottautua
komppanias, syy esimiehen käskyn
täyttämättä jättäminen.
Järkeelin, jotta jos ilimoottaarun,
niin tuloo seittemän vuorokautta putkaa,
ellen niin ei mitää,
mutta jos tarkistaa, niin tuloo 14 vuorokautta.
Otin riskin ja jätin ilimoottautumatta,

eikä mitää perästä kuulunu,
uhkapeli kannatti sillä kerralla.

Sotahariootuksis putosin sulahan ojahan
    ja tulin läpimäriäksi,
pyysin luutnantilta komppaniahan pääsyä,
    ei se päästäny,
kun leikisti oli sotatila,
seuraavana yönä olin teltan kipinämikko,
lisäälin puita kamiinahan,
    ja kuivaattelin vaattehia.

Yhyres taisteluhariootukses hyökkäältihin
ja peräännyttihin erestakaasin,
huusin ryhymän johtajaalle notta,
herra kersantti, leikitähän sellaasta,
notta vihulaanen hyökkää ja me maatahan
        poteroos niitä ampumassa,
senjäläkehen mentihin taas lujaa
        erestakaasin.

Kerran mä osallistuun laturetkelle
lautasuksiilla kummisaappahat jalaas,
        rottinkiporkat käres,
saapas työnnettihin suksen lenkkihin
ja remmi verettihin kantapään kautta,
suksis ei ollu minkäälaista voiretta,
ylämäes lipsui ja alamäes tihkaasi,
koko päivä siihen hukkui,
matkasta en ny tierä mitä se oli,
mutta tulipahan hiihrettyä.

Lähettinäki sattui kaikenlaasta,
  meirän piti jakaa varootuksia
      upseerien asuinaluelle
  kovapanosammuunnoosta,
  mutta tuvan alikessu ei päästäny meitä,
      ku se halus simputtaa.
Seuraavana päivänä mulle huurettihin
      esikunnassa,
  notta miksen oo jakanu niitä,
  mutta kun totuus niille kirkastuu,
  niin alikessu sai kuulla kunniansa
  ja joutui melekeen putkahan.
Me kiriurin kans' pantihin sille ylimääräisiä
      vartiopäälliköönvuoroja,
  koska me laarittihin päiväohojelmat.

Ylivääpeli oli toimistos ku siviili,
  mutta auta armias jos sen ulukona unohti,
  niin huutoahan siitä seuras,
  kerranki se tuli pyörällä vastahan,
  niin mä sanoon, notta terve,
  takaa kuului huuto, sotaamies!
      miks' ette tervehri,
  verin käteni lippahan ja tein asennon,
  toimistos sain vielä jäläkinuhtehet.

Muistan kun kiriuri oli lomaalla
  ja justihin silloon saatihin kiinni
      sotilaaskarkuri
  ja mun piti kirioottaa kuuluustelupöytäkiria
  kiriootuskonehella puhtahaksi.
M'olin sanonu osaavani koneskiriootusta,

93

kun lähettiä hajettihin,
mutt'en mä ollu sanonu,
notta yksi sormi kirioottaa
ja yhyreksän lepää.
Ne piti olla valamahit heti aamusta,
eikä saanu olla yhtään virheslyäntiä.
Kello oli jo yli puolenyön,
kum'mä alootin yhä uurestaan
ja niitä oli monta arkkia,
lopuulta mä käytin peittoomaalia,
muuten n'ei olis koskahan valamistunu.
Aamuulla komppaaniapäällikkö osootti
jokaasen koriatun kohoran
ja niitä oli palio,
mutta hyväksyi ne sellaasenaan,
koska ei ollu aikaa aloottaa aluusta.

Tohtorilla käymäs

Mä harioottelin Fintlantia hiihtua varte
    Möskärin maastos.
Mä kierrin kolomen kilomeeterin latua
    kymmenen kertaa,
  notta olis 30 kilomeeteriä täyttyny,
  joka kierroksen jäläkehen löin
  porkalla reijän hankehen.
Kun työ oli tehty mä lähärin kotia päin,
  mutta siinä tulomatkaalla oli jyrkkä mäki
    ja s'oli aiva jääs',
  mun sukset meni ristihin ja mä kaaruun
    suorahan olokapäälleni.
Siinä rytäkässä meni melkeen taju,
  töin ja tuskin pääsin autoolle
  ja kotia ajo oli vielä vaikiampaa,
    kun pää ei kääntynyt,
  eikä nähäny tulooko sivuulta autoja,
    mutta ei tullu.
M'olin niin kipiä, että eukko vei mut'
    terveyskeskuksehen
  ja mä menin paariille makaamahan,
  kun'en jaksanu istua tuolis.
Ketää ei otettu vastahan,
  vaikka orotustila oli täynnä ihimisiä,
  eukko meni kysymähän lääkäriä
    yhtehen huoneesehen,
  sielä istuu nuori mies pöyrällä
  ja sanoo olevansa lääkäri,
  eukko sille sanoo, notta mitä sä siinä istut,
  mee ottamahan potilahia vastahan,

mutta se sanoo, jotta tuskin otan,
eikä ottanu.
Me lähärettihin kotia
ja seuraavana aamuna soitettihin
sen pomoolle,
se sanoo, jotta se oli saanu lopputilin
ja kosti näköjänsä näin potilahille.

M'olin erelleen kipiä,
enkä pystyny lähtemähän töihin,
joten mä soitin yksityislääkärille.
Se lääkäri oli aivan musta mies ja kysyi,
mikä olla,
mä sanoon, notta mä kaaruun,
kun m'olin hiihtämäs,
se kysyi, mitä olla hiihtää,
no kun mennähän latua,
mikä olla latu,
no kun suksilla mennähän laruulla
ja sitten porkat meni ristihin,
mikä olla porkat.
Näin me sanaaltihin ja lopulta mä kysyyn,
notta eikö pitääs tutkia,
mutta siihen se sanoo, että ei pirä.
Mä kysyyn, notta mikä siinä on,
niin se sanoo,
notta lihas olla peliästynyt,
no voiko se kauankin olla peliästyny,
niin siihen se, jotta ainaki viikon.
Sitten se antoo mulle viikon sairaslomaa
ja lääkkeheksi mobilattia ja dolania.

Nuostaki ajoosta on kulunu jo
      kolomekymmentä vuotta,
mutta mä hiihrin sen fintlantia-hiihron
ja sain Lahares mitaalin ja halauksen,
son mulla vieläki talles.
Ehkä olis pitäny tutkia,
      koska se olokapää vaivaa minua
            vielä tänä päivänä
s'ei oikeen kestä rasiittamista,
sielä oli varmahan jonkinlaanen murtuma,
eikä se koskaa parantunu kunnoolla,
mutta kyllä se siitä.

Kerran kävi niin ohoraasesti, notta sain ihootumaa
ja käviin kolomella lääkäriillä ja nelijällä hoitajaalla,
mutta sitte mun hermot petti.
Mä kiriootin kirieen lääkäriille, jossa mä ihimettelin,
notta miks'ei oteta ihonäytestä,
kun kulukukoiriltaki otetahan.
Mä sanoon sille tohtorille, notten mä puhu sun kanssas,
ennenkö lujet tämän kirieen, no se luki ja kattoo mua
ja sanoo, jotta huonoja kokemuksia.
Siihen mä, notta justihin niin,
no se otti heti kokehet ja soitti muutaman päivän kuluuttua,
jotta se oli sieni, joka parani viikossa apteekin voitehella
ja m'olin potenu sitä ihoottumaan monta kuukautta,
kun'ei kukaa viittiny selevittää mikä siinä oli.

Tulevaasuuresta

Ei se kyllä hyvältä näytä,
kun seuraa ihimisten menua
ja koheltamista maapalloolla.
Ny puhutahan milioonan eliön
sukupuutoosta ihimisen tähäre
eikä s'oo mikää ihime,
kun uutisia seuraa.
Kaikki viisariit osoottaa,
notta tilaanne pahenoo,
niin sitte jokku sanoo,
ettei ilimasto oo muuttumas,
ei se niin oo.
Ajatelkaa ny kaikkia tapahtumisia,
hiilen ja lämmön nousu ilimas,
meren lämpiäminen ja nousu
ja jäätiköören sulaaminen,
mettien palaminen ja polttaminen,
mikromuovia kaikes', jopa ruoassa,
jota me syörähän,
isoot muovi- ja roskalautat meriis,
laajat mettään avohakkuut
ja avokaivokset,
jokka näkyy avaruutehen asti,
saastunehet joet ja järvet,
merien melusaaste, joka estää
valahien suunnistamisen ja laulun,
lopuuton rakentaminen,
teiren ja pihoojen asvaltintointi
ja toisahalla eroosio,
saa pahoja tuluvia aikahan.

Tehokariatalous aiheuttaa palio
inhimilliistä hätää elukoolle
ja kaiken tään lisääksi me
uhiteellahan toisiamma ohojuuksilla
ja yrinasehilla.
meki ollahan ostamas häviittäjiä,
vaikka velaaksi, kun muukki.
Tämän päivän Jeesus on kasvu,
mutta mistä sitä otetahan,
jos laarin pohoja jo näkyy,
täytyy vaan pyöriittää samaa paskaa
ja sanua sitä kasvuksi,
m'oon kyllä sitä mieltä,
notta kusessa ollahan.
Mua kyllä oikiasti sureettaa tulevien
kakarootten tulevaasuus,
joka me ollahan niille peraattu,
jos ne pakenis unimaailmahan
älypuhelimien ja muiren pelien kautta,
saiskohan niillä anteheksiannon
tämän komian pallon tuhoamisesta.
Kaikesta huolimatta toivon heille
hyvää tulevaasuutta.

Isoot asiat

S'on ny pakko purkaa päätänsä,
    ku mä näin välähryksiä tulevaasuuresta.
S'olis niin hyvä kun me elettääs sovus
    ja jaetaas kaikki tällä planeetalla,
    mutta kun'ei se sovi tuntuvan kaikiille,
    aina on niitä jokka ahanehtii enempi.
Kuitenki ne tahtoo yhteeset markkinat,
        missä mellastaa ja sanoo,
    notta tämä on kaikiille parasta,
        toki voitta sulkia rajanna,
    mutta auta armias mitä siitä seuraas,
    pakottehia pakottehien perähän,
        aiva näännyksihin asti.
S'olis sama kun sanoos,
        notta mee hirtehen.
Ihimisillä on komeeta ajatuksia,
    mutta kun'ei ne taharo toimia käytännös.
Tuloo mielehen vanaha sanonta,
    n'on eri miehiä, jokka rumihia teköö
        ja jokka niitä pesöö.

Tämä ny on vähän niinku maailimanlaajuusesti,
    mutta osatahan sitä kansallisestiki tavoolla,
        kuten lait.
Ajatelkaa ny, kun ne teköö lakia,
    joirenka mukahan tulis elää,
    mutta heti kohta vaalien jäläkehen
        niitä muutellahan,
    voittavan puolueen mielen mukahan.
Kun m'olin nuori niin,

me saatihin itte valiita erustajamma,
mutta s'on nykyysin niin, notta työnantaja sanoo,
kuka meitä eruustaa,
mitä tämä tällaanen venkoolu on?
S'olis vähä sama,
ku mä riitaantuusin krannin kanssa
ja erustaasin itteäni ja krannia,
arvakkaa kuka voittaas?

Mennähän takaasin mualimalle,
ku iso maa sanoo pienelle mualimalle,
notta neuvootellahan,
niin s'on paraasta totella
ja ku se sanoo mitä teherähän,
niin s'on paraasta allekirioottaa,
tai tuloo sankitioota
ja niitä jäläkiä ei oo kiva kattella,
kyllä s'on niin,
notta ihiminen ei oo valamis yhteestyöhön,
ennenkö kaikki on laitettu samaalle lähtöviivalle.
S'on ny niin, notta ihiminen menöö
koko aijan alahapäin henkisesti,
mutta ylähäpäin teknillisesti
ja s'on suorastansa kamalaa,
kun ajatteloo kaikkia näitä asehia,
mitä n'on keksiny ja käyttäny.
Täs tuloo mielehen,
jotta olisko riki-älyystä mitää hyötyä,
kun se koko aijan tuloo viisahammaksi
ja ihiminen tyhymemmäksi,
mutta siinä on vaan sellaanen onkelma,
not'ei sill oo sialua, moraalia eikä mieltä,

koska s'on kones,
vaikka voittaaki ihimisen mennen tullen
peliis sun muis räknäämistehtäviis.
Toisahalta eipä ne ihimisen ominaasuuret
palio paina,
jos n'on pahojen palavelukses,
sortaen ja riistäen toisiltansa elämisen eherot,
silloon s'olis paree, jos oltaasihin konehia.
Mikä pirun hinku meillä on yrittää olla
aina paree kun toiset,
oltaas vaan omia ittehiä
ja köllöteltääs omis nahoos,
morjestestaas jokaasta ku vanahaa tuttua,
ei se mitää maksaas
ja kaikiillc tulis peree mieli.

Sekaasin

Sanotahan, notta sellaanen pää
                    ku työpöytä,
ny on koko mualima sekaasin,
            niin onko se sitten ihime,
jos ihmisekki on sekaasin?
Kattokaan ny tämän päivän johtajia ja kansaa,
    jokka seuraa ku lammaslauma
    ja kaikkeen hulluummilla on
    peukalo punaasen napin päällä
    ja lampahat on kouluutettu tottelemahan,
    vaikka kakaroota tappamahan
                    ja kyllä niitä tapetahanki,
    lelulennokiilla, pommiilla, näläkähän,
                    myrkkyyhin, janohon
    ja kaikki on sallittua, kun on maallinen
                    voima takana.
M'oon niin väsyny tähän aikahan
                    ja ihimisihin,
    jokka teköö kaikkensa not'ei kakaroolle
                    jää mitään.
N'on kun entiset isäännät,
    jokka ensiksi söi mahansa täytehen
    ja loput sai akat ja kakarat,
                    jos jotain jäi,
    yleensä ei jääny mitään.

Rahastaja

Kun m'olin 14 vuotta vanaha,
niin musta tuli rahastaja,
siis linjuriautohon,
siinäki hommas näki kaikenlaasta.
Kerran mulla oli vanaha kuski,
joka ei millää olis viittiny pysähtyä,
se vaan hiliensi vauhtia
ja avas oven vauhris.
Yksiki mummo epääli hypäätä,
niin kuski painoo kaasua,
niin johan mummo hyppäs,
mutta eihän se pystys pysyny,
vaan kieri tiellä,
eikä tietenkää pysährytty kattomahan,
miten mummon kävi.

Toisen kerran se ajoo koululaasen päälle,
kun se truivas toisen liniurin takaa etehen.
Poika jäi etupyörän alle puristuksihin.
Mä ihimetteliin, notta miks'ei kuski pöröötä,
se vaan pani pakkia päälle yhä uurestansa,
mutt'ei se uskaltanu,
koska s'olis menny poijaan yli,
jos,ei pakki olisi ollut päällä.
No lopuulta se pörötti ja mä juoksin
lähitaloohin apua hakemahan,
se poika oli siitä taloosta.
Myöhemmin kuultihin,
jotta sen poijan suolet oli ollehet ulukona,

mutta onneksi se saatihin kuntohon.
Sellaanen jäläkipuinti siitä vielä käytihin,
kun se kuski sanoo ennen päälle ajoa,
notta nyt otti ohoraleipä
ja mä kerroon sen poliisikuulusteluus,
s'oli siitä mulle vihaanen ja kielti
sanonehensa sillä lailla,
no mutta matka jatkui kuten ennenkin,
eikä siitä asiasta enää
sen jäläkehen puhuttu.

Kerran meille tariottihin koiraa vietäväksi
Ilimajoelle,
s'oli sullottu peinehen pahavilaatikkohon
ja me työnnettihn se pimiähän
tavaratilahan.
Ilimajoella oli vastahan ottaja,
kun mä avasin takaluukun oven,
niin koira hyppäs uloos
ja paineli pelloolle,
sielä se kiersi rinkiä,
kun s'oli niin sekaasin,
minä, kuski ja koiran hakija
juostihin sen perähän pelloolle
ja lopuulta me saatihin se kiinni.
Kun mä hain laatikkua tavaratilasta,
niin s'oli menny rikki
ja koira oli lennelly tyhyjäs tilas
seinästa seinähän,
oksennusta oli joka puolella
ja se haisi tosi pahalta.
Varikoolla mä jouruun pesemähän koko tilan

vesiletkun ja harian kans',
mutta s'oli tuttua hommaa,
kun mun piti aina sarepäivinä pestä
koko linia-auto, jos s'oli kuras.

Siihen aikahan linjuriis kulietettihin
palio tavaroota, kuten autonrenkahia, varaosia,
perunoota, leipomon laatikoota,
polokupyöriä ja muita kauppojen tavaroota.
Liniurin katoolla oli koko katon pituunen kattotelines,
kerranki sinne lastattihin kymmeniä autonrenkahia
Seinäjoelta Kauhajoelle,
isoot renkahat nostettihin polokupyörän koukkuuhin.
Kuski sanoo, notta s'oli rahastajan tehtävä,
molin pieni 40 kiloonen poikaanen,
kun mä yritn nostaa sitä rengasta,
niin eihän se eres irroonnu maasta,
kuski neuvoo mulle tekniikan
miten se onnistuu.
Ensi piti löytää oikia etääsyys koukusta,
sitte laitettihin käret renkahan yli
ja renkahan ulukolairasta tempaastihin
ja samahan aikahan toisella jalaalla nostettihin
renkahan alalairasta,
näin rengas pyörähti 180 astetta
ja alareuna nousi koukkuhun,
s'oli mahtava tunne, kun se onnistui,
sitä oikeen orootti, notta tulis taas
traktorin rengas ja sais näyttää,
notta maasta se pieniki ponnistaa.

Yksi kuski oli 130 kiloonen riski mies

ja kun yksi sälli kieltäytyi maksamasta,
niin mä sanoon siitä kuskille,
se stoppas siihen paikkahan,
kääntyi ihimisihin päin ja sanoi jotta,
kyllä sitä ny ollahan miestä,
            mutta kun mä kerran lyön,
niin sä lennät ojaan ja airan yli pelloolle,
sitte sä meet valiittamahan poliisiille,
            niinku entinenki mies,
sälli kaivoi lompakon ja maksoi matkansa
se kuski oli josku lyöny jotaki
            mainituin seurauksin.

Toisen kerran sen kans oli käynyt niin,
    m'olin heittäny perunapussin
            sitomatta tavaratelinehelle.
Tietenki se oli puroonnu
    ja me käännyttihin takaasi ettimähän sitä,
    s'oli Osuuskaupan eres olevas kuralätäköös halaki
    me kerättihin perunoota lätäköstä kaksin käsin
    ja mä vilikuulin ympärilleheni,
            notta näkikö kukaan,
    kuski kiros ku Nappokömö ja mä pelekäsin,
    notta se lyöö kohta.

Yksi kuski tykkäs aina ajaa niin lujaa
            kun sielu sieti.
Kerranki tultihin Ilimajoelta Koskenkorvalle
    viires minuutis mutkaasta hiekkatietä.
Sitte se istui matkahuollos kahaveella,
    sieltä se aina lähti myöhäs
    ja oli seuraavas paikas etuaijaas,

107

eikä se tykäänny välillä pysähtyyllä.
Kerran me tultihin Päntälähän,
siel'oli seurojen taloolla elokuvia,
niin se ajoo suorahan seurataloon pihahan
ja sanoo, notta mennähän kuvihin.
Vasta elokuvan loputtua se ajoo Keturinmäkehen,
mihinkä se reitti päättyi,
en tierä halusko kukaa sinä iltana mennä
Keturinmäkehen
ja jos olis halunnukki,
niin moltaasihin ollu pari tuntia myöhäs.
Ei se silloon ollu niin nuukaa,
ku nykyysin,
en muista yhtää valitusta,
ihimiset oli tyytyvääsiä
ja praatas autos.

Täs tuloo mielehen yksi juhannus,
kun mulla oli työvuoro
ja me lähärettihin aamulla puoli seittemän
aikahan aamulla kohti Seinäjokea.
Illalla puoli yhyreksän aikahan meirän piti olla takaasin,
mutta ei se niin menny,
me lähärettihin Törnävän kautta seittemän
linjurin letkas Kauhajoen Nummijärven
juhannusvalavojaasihin.
M'olin ensimmääses autos ja rahastin sen
ja s'oli aivan täynnä ihimisiä,
sitte mä hyppäsin seuraavahan linjurihin
takaovesta tai kattoluukusta,
kosken päässy kaytävällä auton etuosahan,
näin mä rahastin koko letkan.

Nummijärvellä mä jouruun olemahan
koko valavojaaren aijan,
siinä aikaa tappaessa tuli käytyä
helikopterin yleesölennoolla.
Juhulien lopuuttua lähärettihin takaasi kohti
Törnävää joskus puolen yön jäläkehen,
sitte sieltä piti taas ajaa takaisin Päntälähän,
missä oltihin aamun pikkutunniilla.
Nukkumahan ei eheritty,
vaan lähärettihin takaasin normaali vuorolle,
juhannusaamuna autohon tuli
juhannuskirkkokansaa.
Mun oli vaikia pysyä hereellä,
mä en ollu nukkunu silimällistäkään koko yönä,
silimät lopsahteli kiinni moottorin hyristessä.
Vuoro loppui vasta puoli yhyreksän aikahan illalla,
työvuoro oli kestäny 50 tuntia yhtehen menohon
ja m'olin alaikäänen kakara,
ei sitä silloon niin ajatellu, tehtihin mitä piti.

Korona

Konstit on monet sanoo akka,
kun kusi ja käveli.
Trumppi rakentaa aitaa,
nott'ei viirukset hypi
Meksikosta amerikkahan.
Kaupunkien karuulle se laittaa
kansalliskaartin ampumahan viruksia
ja sitte se haluaa kaikki rokottehet ittellensä
ja johonaki välis se haukkuu Obamaa,
notta s'on sen syy
kyllä on kälämi mies,
seki pitääs synnyttää uurellensa,
jos se sitte tulis vähä paree,
vaikka eipä nuo kauneusleikkuutkaa
oo kovin hyvin onnistunehet.

Maassa maan tavaalla

Tässä ny ammutahan hyttystä tykiillä
ja kansa sekuaa,
suomalaaset hamstraa kaikki
hyyskäpaperit, käsiresit ja lääkkehet.
Amerikkalaaset jonoottaa asehia,
rupiaakohan ne ampumahan
viiruksia vai toisiansa.
Paniikki on iskeny ihimisihin,
kaiken maailiman asiantuntijat rauheettoloo,
nott'ei ny kannattaas seiniille hyppiä,
vaan menkää ny vähän äkkiä piilohon,
niin kyllä se siitä.

Laiha

S'on nii laiha
   notta kun se menöö airanseipähän taa,
   niin korvat vaan näkyy
      ja niin keviä,
   notta sen pitää kantaa
   rautakankia mukanansa
   ja lyörä se maahan, jos tuuloo,
   nott'ei tuuli vie mennessänsä,
   eikä se tartte ku pullon pilsneriä,
   niin se tuloo jo humalahan.
S'on melekeen kun keiju,
   siinä ja siinä ihan hilikulla,
   s'on havaattematon, näkymäätön,
   joka ikisen silimätikku,
   mutta senki pitää olla,
   että eiköhän anneta sen olla rauhas.

Korona II

Korona suluki rajat, ovet ja areenat
   ja ihimisten mielet,
   ehkä näin oli tarkootettu,
   notta ihimiset vähä rauhoottuus,
   ne ku meni kuin henkihaukat,
   ei menty uloos eikä sisähän,
   eikä puoliväliiskää pysytty
   ja siinä tilaas ei tuu muuta,
   kun lunta tupahan
   ja vikapää kakaroota.
Ny jourutahan tekemähän se tärkeen matka
            elikkä omahan ittehen
   ja se ei oo aina kaikkeen helepoon matka.
Tähän on aikaa ja kaikilla varaa,
   jos vaan kanttia riittää.

Yksinääsyys

Yksinääsyyren peleko aharistaa monia,
ollahanhan me laumaelukoota,
mutta se voipi olla myös rikkahutta.
Joskus on hyvä ottaa vähä etääsyyttä
tähän hektisehen maailmahan
ja oppia näkemähän maailman hulluus
ulukuapäin, eikä lähtiä kaikkehen
typeryytehen, mitä meille tarjotahan.
Joskus vähempi on enempi elikkä
luopumalla jostaki, niin vapaa tila
täyttyy aina
ja kun me täytetähän se itte,
niin s'on palio paree,
kun toisten teennäänen mukava.
Kaikkeen tasaasimmat ihimiset on erakkoja,
notta mieti sitä ittekses.

Nauru

Nauraminen ja kaikenlaanen
  iloonpito on ny kielletty,
  paitti jos sut on kouluutettu siehen,
  ny pitää olla otta rypyys ja
  tippa silimäkulumas oroottaa kuolemaa
  ja jos'ei satu koulemahan,
         niin sitte saa iloota
  ja kiittää korkiampia voimia,
  mitä ne ny sitte itte kulleki sattuu olemahan.
Musta tuntuu, notta s'olis paree
  käyrä vaikiat aijat läpi maharollisimman tyynesti
         ja rauhallisesti,
         ku muinaki aikoona.

Korona V

Kyllähän minäki sitä pelekään,
  eihän s'oo yhtää mukava sairastaa,
  mutta tuloo ymmärtää,
  notta m'ollahan kuolevaasia kaikki tyynni,
  me synnytähän kuolemahan
  ja onko se niin nuukaa,
  koska me täältä läheretähän,
  kunhan pääsis helepoommalla.
Syöpälääkäri sonoo mulle,
  not'tet sä tähän kuole,
    vaan johonki muuhun.
Mä vaan sitä not'tei tartte seinille hyppiä
    korona takia,
  vaan ollahan kaikes rauhas
  ja kattellehan kuinka meirän käy
  ja hyvinhän meirän käy,
    vaikka kävis kuinka.

Korona VI

Opitaankohan me tästä mitään,
vai ruvetahanko vuolemahan puulusikoota,
not'tei tartte ruveta turhia pohtimahan?
Ny pitääs oppia olemahan ihimisiiksi,
eikä vierä leipää kakarootten suusta,
eikä enää pitääs kerätä rahoja paratiiseihin
homehtumahan, vaan kiertohon.
Tuntuu, notta ny tarvittaasihin pysähyttäjää,
joka panis vähän ajattelemahan,
vaikka eipä taira tämä tästä muuttua,
vaan kohta mennähän kun lehemät kevähällä,
kun pääsöövät pelloolle.

Korona VII

Ei meitä vanahoja tartte suojella
hinnalla millä hyvänsä,
me kuitenki kuollahan kohta.
Se mua ihimetyttää,
notta ny ollahan niin huolissansa,
vaikka ennen koronaa meitä
jätettihin heitteelle
ja meitä priorisoitihin,
kun valittihin, jotta keta hoiretahan,
ny m'ollahan kultaaki kallihimpia,
yksikää ei sais kuolla, vaikka haluaas.
Miksi sitä ollahan näin käsittämättömiä,
onko tarkootus meirän avuulla
pestä omaatuntua?

Kuolemasta

Jokku puhuu nott'ei saa
    puhua kuolemasta.
On se ny kumma,
kun s'on ainua asia,
    jonka kaikki kokee.
Ei se mihinkää häviä,
joss'ei siitä puhuta,
    päin vastoon.
Mitä enempi sitä kartteloo,
sitä peloottavammalta se tuntuu,
eikä sitä ajaattelemalla karkuhun pääse.
S'on kohorattava ku mies,
siitä tuloo teherä kaveri,
jonka kans lähäretähän,
kun on heitetty lusiikka nurkkahan,
ei s'oo sen kummempi kun syntymäkää,
sitä mennähän eikä meirata,
ku vieteri on menny loppuhun.
Eletähän kunnoolla täällä,
niin on puhtahat paperit ja omatunto,
    kun lähäretähän.

Laihruttamisesta

Mun piti laihruuttaa,
mutta s'oli pakko lopeettaa,
ku mää pelekääsin,
notta tuloo nolla vastahan.
On se kumma kun ihimiset lihoo,
vaikka koko aijan laihrutetahan,
          eikö se pitääs olla
justihin toisinpäin.
Ennen syötihin ruista ja läskiä
ja tehtihin kovaa maa- ja mettätyötä,
          eikä lihoottu.
Ny sohovalla kiriootellahan läppäriillä
ja syörähän sokurit ja suklahat,
niin onko se mikää ihime
          jos lihoorahan.
Kyllä s'on niin, notta ruoan
ja liikkumisen tuloo olla palanssis,
jos haluutahan pysyä kunnos.